FASZINATION BURGWALD

IMPRESSUM

Günther Wilmink   FASZINATION BURGWALD

1. Auflage 2011

Fotos	G. Wilmink (Ausnahmen in BILDNACHWEIS)
Bildbearbeitung	G. Wilmink
Texte	G. Wilmink, A. Schmidt, Dr. A. Archinal, L. Feisel
Lektorat	A. Schmidt
Konzeption	G. Wilmink
Layout u. Satz	G. Wilmink
Verlag	G. Wilmink, Schwalbenweg 40, 35043 Marburg
E-mail	burgwaldbuch@web.de
WEB	http://www.burgwaldbuch.de
Druck	druckhaus marburg Printed in Germany

Alle Rechte vorbehalten; Reproduktion, Speicherung in Datenverarbeitungsanlagen, Wiedergabe auf elektronischen, fotomechanischen oder ähnlichen Wegen nur mit der ausdrücklichen Genehmigung des Copyrightinhabers.

ISBN 978-3-00-035842-5

Alle Fakten wurden nach bestem Wissen und Gewissen mit größtmöglicher Sorgfalt recherchiert. Der Autor kann jedoch für die absolute Richtigkeit und Vollständigkeit der Angaben keine Gewähr leisten.

INHALT

EINFÜHRUNG	5
GEOLOGIE & KLIMA	7
WALD	11
WIESE SUMPF MOOR	73
WASSER	113
NATURSCHUTZ	131
BILDNACHWEIS	141

EINFÜHRUNG

Der Burgwald – ein Wald in der Mitte Deutschlands, der zugleich mit 480 Quadratkilometern das größte zusammenhängende Waldgebiet Hessens ist. Davon sind ca. 200 Quadratkilometer unzerschnittene Waldfläche, er besitzt damit eines der letzten großflächig geschlossenen Waldgebiete Hessens und auch Deutschlands.

Der Burgwald – viele Menschen in dieser Region kennen ihn, trotzdem sind auch die Spezialisten und Kenner immer wieder überrascht, wie viele Geheimnisse und Besonderheiten er noch birgt. Diese sind nur durch intensive Beschäftigung mit und in dem Burgwald zu ergründen.

Der Burgwald gehört seit 40 Jahren zu meiner Heimat Marburg dazu. Als engagierter und begeisterter Naturfotograf habe ich ihn in dieser Zeit häufig besucht und dort fotografiert.

Ich reise gerne auch in andere Naturräume Deutschlands und Europas - vom Meer bis in die Berge. Fast überall konnte ich auch Fotobände verschiedener Naturfotografen zu diesen Landschaften und der Natur finden. Trotz intensiver Suche habe ich keinen Bildband über den Burgwald gefunden, stattdessen verschiedene, sehr ausführliche wissenschaftliche Publikationen (wie z. B. *Pilotprojekt Burgwald*, *Naturschutz- und Entwicklungskonzeption Burgwald* u. a.) zum Burgwald und seiner Entwicklung.

Deshalb habe ich vor drei Jahren beschlossen, selbst Fotos - insbesondere auch von der besonderen Flora - zu machen: Seitdem ich vor zwei Jahren den aktiven Schuldienst beendet habe, ist das Fotografieren und Konzipieren dieses Buches zu meinem Beruf geworden. Ich war zuerst auf eigene Faust zu Fuß und mit dem Mountainbike im Burgwald unterwegs. Informationen über die Besonderheiten hatte ich aus verschiedenen Publikationen.

Bald merkte ich jedoch, dass ich mehr Informationen auch über genaue Standorte benötigte, und dass mein Vorhaben ohne Unterstützung durch z. B. Naturschutzverbände und Forstverwaltung nicht in dem von mir angestrebten Umfang möglich sein würde.

Diese Unterstützung erhielt ich sehr umfassend von allen Seiten. Trotzdem werden Bereiche insbesondere aus der Fauna nicht nur mir fehlen. Trotz häufiger, langer Ansitze war mir das Glück, das man außer Ausdauer immer auch braucht, leider nicht immer hold. Sicher werden Burgwaldkennern einige Tiere, wie z. B. Hirsche, Rehe, Wildschweine, Mufflons u. a. fehlen, auf die ich zigmal vergebens ansaß. Ich habe es mir gespart, wie sonst bei vielen Publikationen üblich, die fehlenden Fotos in Tierparks nachzuholen, denn wie die Tiere aussehen, weiß ja jeder. Zwei Fotos aus dem Tierpark Sababurg sind trotzdem dabei, da sie so in der freien Natur des Burgwaldes nicht ohne Störungen zu fotografieren sind. Außerdem gibt es noch viele einzigartige Insekten im Burgwald, die ich nicht fotografieren konnte.

Dieser Bildband hat auch nicht den Anspruch, den Burgwald vollständig zu dokumentieren. Er ist vielmehr meine ganz persönliche Sicht, wie ich die Natur erlebt und wie ich sie dann fotografisch umgesetzt habe.

Ich hatte mir aber einen Termin gesetzt - sonst wird so ein Buch vielleicht nie fertig. Dieser Termin ist im „Jahr der Wälder 2011" die Burgwaldmesse 2011. Hier soll Ihnen das Buch vorliegen - unvollständig - wie so ein Buch auch vielleicht immer nur unvollständig sein kann.

Obwohl ich weder Biologie noch Geologie studiert habe, wollte ich Ihnen Informationen aus diesen Bereichen über den Burgwald und seine einzigartige Natur nicht vorenthalten; die Wissenschaftler aus o. g. Fachbereichen mögen mir deshalb (hoffentlich nur kleine) Ungenauigkeiten und Fehler verzeihen.

Die Fotos und Beschreibungen in diesem Buch sollen Sie einladen, durch die Faszination Burgwald der Faszination Natur und Wildnis näher zu kommen.

Ich wünsche Ihnen viel Freude beim Betrachten der Bilder und beim Lesen der Erläuterungen. Es soll auch Anregung dafür sein, Natur zu erleben und zu bewahren – vielleicht sogar, sich durch aktive Hilfe, z. B. in einem der Naturschutzverbände, für den Erhalt des Burgwaldes und der Natur einzusetzen.

Günther Wilmink.

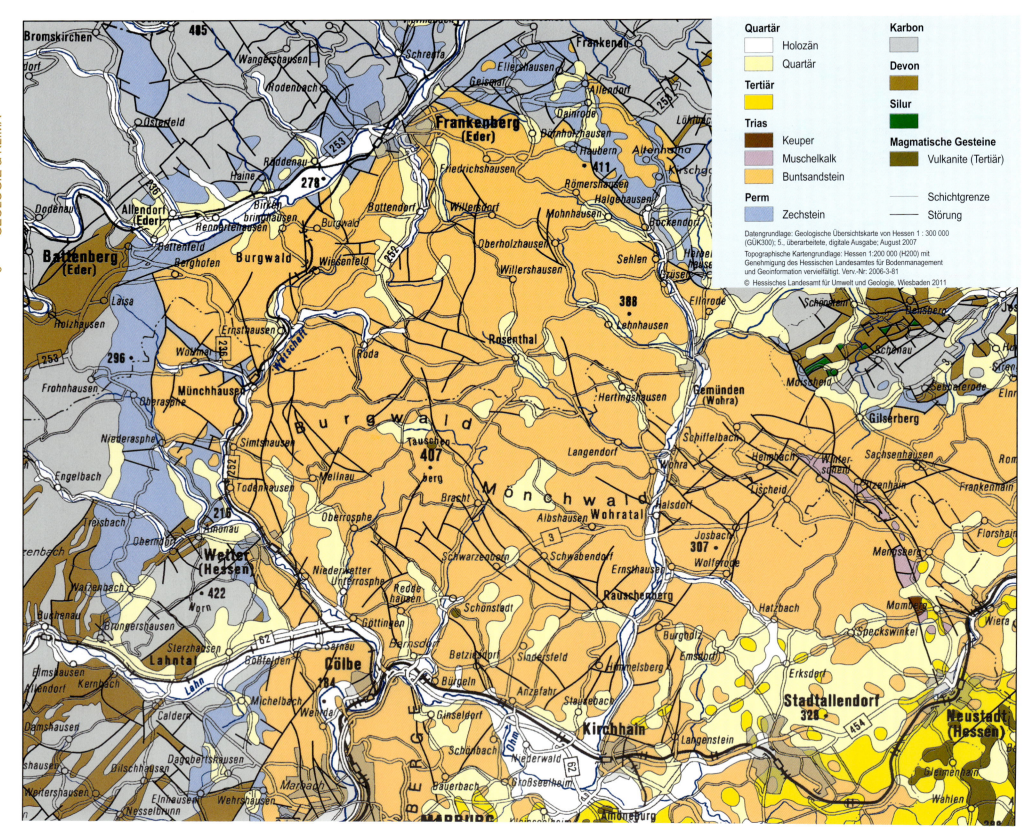

GEOLOGIE & KLIMA

Der Burgwald ist der westlichste Teil der Oberhessischen Buntsandsteinplatte, er ist von geologisch älteren Schichten des Rheinischen Schiefergebirges umrahmt. Der gebirgsbildende Buntsandstein ist im frühen Erdmittelalter, im Trias, vor etwa 220 Millionen Jahren entstanden. Dazu lagerten sich Sedimente aus dem Rheinischen Schiefergebirge in dem südlich davon gelegenen Germanischen Becken ab. Dabei entstand eine über 400 Meter dicke Sandsteinplatte, die in mehrere Schollen zerbrach, als das Gebiet tektonisch angehoben wurde. Diese Schollen wurden dann zu mäßig hohen Rücken, zwischen denen sich tiefe Erosionstäler hinziehen. Der Burgwald erreicht Kuppenhöhen von etwa 300 m im Süden und 440 m im Norden, er ist durch steile Randstufen zur Talsenke der Wetschaft abgegrenzt. Nach Südosten flacht er ab und ist von der Ohm begrenzt. Durch vulkanische Tätigkeit im Jungtertiär (vor 17 - 18 Millionen Jahren) bildeten sich zwei Basaltkuppen östlich der *Franzosenwiesen*, wobei der Buntsandstein teilweise von Basaltmassen durchbrochen wurde. Dieses ist eine geologische Besonderheit im Burgwald; durch Erosion entstanden dann der *Kleine* und der *Große Badenstein*.

Bedingt durch die recht durchlässigen Gesteine des Mittleren Buntsandsteines, die ein verhältnismäßig hohes Speichervolumen an Wasser haben, ist der Burgwald reich an erschließbaren Wasservorkommen. Die Quellen des Burgwaldes führen aufgrund des nährstoffarmen Buntsandsteines überwiegend kalkarmes, weiches und nährstoffarmes Wasser und haben eine gleichmäßige Wassertemperatur von ca. 7°C. Die Böden der Talgründe und Hangmulden sind durch Verlehmung feinmineralischer Lößeinschwemmung zum wasserdurchlässigen Buntsandstein abgedichtet, so dass sich bei dem typischen Klima hier Vermoorungszonen bilden konnten.

Im Zentrum der Buntsandsteinplatte, umgeben von 50 m höheren Kuppen und Rücken, liegen die *Franzosenwiesen*, die bis in die Mitte des vorigen Jahrhunderts „Brücher" genannt wurden. Erst mit wissenschaftlichen Untersuchungen der Universität Marburg im Burgwald kam die Bezeichnung *Franzosenwiesen* auf. Die Bezeichnung dieses Gebietes geht auf die Nutzung durch Hugenotten und Waldenser aus Schwabendorf im frühen 18. Jahrhundert zurück.

Diese Senkenform im Bereich der *Franzosenwiesen* hat auf das Klima im gesamten Burgwald einen entscheidenden Einfluss. Der Burgwald wird von den vorherrschenden milden atlantischen westlichen Winden durch die vorgelagerten Höhen des Rothaargebirges abgeschirmt. Dadurch nimmt der atlantische Klimaeinfluss ab und die kontinentalen Klimaeigenschaften, die sich durch geringere Jahresniederschläge und größere Tag-/Nacht- und Sommer-/Winter-Temperaturgegensätze auszeichnen, nehmen zu. Die durchschnittlichen jährlichen Niederschläge liegen im Burgwald mit 700 mm deutlich unter denen der ihn umgebenden Mittelgebirge mit 1000 – 2000 mm.

Das Geographische Institut der Universität Marburg hat nachweisen können, dass im Bereich der *Franzosenwiesen* deutlich abweichende Klimaparameter auftreten. Das Jahresmittel der Niederschläge liegt in diesem Gebiet bei nur 535 mm! Durch die Senkenform stellt der Bereich der *Franzosenwiesen* einen Kaltluftsee mit dauerhaft niedrigeren Mitteltemperaturen und niedrigeren Niederschlagsmengen bei gleichzeitig hoher Luftfeuchte dar. Die hohe Luftfeuchtigkeit erklärt sich durch die hohe Verdunstungsrate und geringe Wärmeleitfähigkeit der Moore und die stärkere Abkühlung in den Nächten bei Strahlungswetterlage (d.h., bei wolkenlosem Himmel). Im Jahr 1989 konnte nachgewiesen werden, dass es in diesem Jahr keinen frostfreien Monat gab. Dieser Tatbestand wurde in weiteren Untersuchungen viele Jahre lang bestätigt, in den letzten Jahren gibt es aber auch frostfreie Sommermonate. Nach den kalten Nächten ergeben sich durch die Sonneneinstrahlung entsprechend hohe Temperaturen, die zu extremen täglichen Temperaturschwankungen von bis zu 30°C führen. Das entspricht einem nordisch-montan-subkontinentalem Klima (HGON & AgRdB 21-25).

Dieses Gebiet mit einer Flächengrösse von 115 Hektar wurde 1987 als Naturschutzgebiet *Franzosenwiesen/Rotes Wasser* ausgewiesen. Es ist ein wichtiger Biotopkomplex im Burgwald und damit von landesweiter und nationaler Bedeutung. Er besteht aus Feuchtwiesen, Moorbereichen, naturnahen Bachläufen mit angrenzenden Mischwaldungen und Stillgewässern. Diese klimatischen Verhältnisse haben Besonderheiten in der Flora und Fauna zur Folge.

In den Burgwaldmooren und Talgründen mit ihrer gleichmäßig hohen Luftfeuchtigkeit wachsen Pflanzen in größeren Beständen, die sonst nur im Norden Europas oder in größeren Höhenlagen, z. B. in den Alpen vorkommen; das sind z. B. der Siebenstern, Wollgräser, Keulenbärlapp und Sonnentau.

In dem nicht mehr genutzten Steinbruch in Unterrosphe kann man den gebirgsbildenden Mittleren Buntsandstein gut erkennen.

Nur in der Talsenke der *Franzosenwiesen* herrschte an einem Oktobermorgen eine Temperatur unter dem Gefrierpunkt.

WALD

Wie andere Wälder in Deutschland ist auch der Burgwald das Resultat jahrhundertelangen menschlichen Einflusses. Ohne diese anthropogenen Einflüsse wäre der überwiegende Teil des Burgwaldes von typischem Hainsimsen-Buchenwald bewachsen, eine zu den Buchenwäldern gehörende Pflanzengesellschaft, die auf ärmsten Standorten wächst.

Der Wald wurde schon immer genutzt, denn für die Ernährung der Menschen war die Waldweide, wie Schweinemast mit Eicheln und Bucheckern und Streunutzung, z. B. durch Entnahme von Laub und bodenbedeckenden Pflanzen, lebensnotwendig. Ebenso wurde der Wald für Brennholz-, Bauholz- und Werkholzeinschläge von dem frühen Gewerbe genutzt und damit dezimiert. Schon im 13. Jahrhundert wurde ein Vertrag (Langsdorfer Vertrag 1263) geschlossen, „...der für den Burgwald ein Waldverwüstungsverbot und eine Verpflichtung zum Schutz durch Waldhüter enthielt." Trotzdem hat sich bis Mitte des 18. Jahrhunderts der Baumbestand und die Bodenfruchtbarkeit nicht erholt, da weiterhin Streuentnahme, Waldweide und Abholzung dieses verhinderten.

Langsam setzte sich die Erkenntnis durch, dass es einen Zusammenhang gibt zwischen der Entnahme von nährstoffhaltigen Baumbestandteilen und der verminderten Fruchtbarkeit des Waldbodens, so dass Forderungen gestellt wurden, dieses zu vermeiden (PB 44).

Der Siebenjährige Krieg im 18. Jahrhundert und dessen Folgen verhinderten eine Verbesserung des Waldbestandes. Es folgten durch sehr engagierte Forstmeister weitere Bemühungen, den Wald gemäß den Standortverhältnissen aufzuforsten (PB 47-48).

Die Erkenntnis im 19. Jahrhundert, dass bei bloßgelegten Böden Beerenkraut und später Heide folgt und darauf keine anspruchsvollen Holzarten wie Buche und Eiche gute Erträge bringen können, führte zur Bevorzugung der Fichte. Die geringere Produktionszeit des Fichtenholzes spielte dabei keine Rolle. Ein weiteres Argument für die Fichte war der Schnee- und Eisbruch im Spätwinter 1897 in den Kiefernbeständen, der aufgrund ihrer Wuchsform den Fichten nicht zusetzte (PB 58).

Heute sind im Burgwald jeweils rund 30% der Holzbodenfläche Laubmisch-, Kiefern- und Fichtenwälder. Neben 10% Reinbeständen liegen rund 80% der Gesamtwaldfläche als Mischbestände vor. Als Nutzungsrelikte früherer Jahrhunderte finden sich einzelne Hutewaldbestände neben naturnahen Buchen-, Eichen- und Eichen-Buchenwäldern in Altbeständen. In den nassen Talzügen wachsen überwiegend angepflanzte Erlenbruch- und Sumpfwälder, die sich aber in den letzten Jahrzehnten zu naturnahen Pflanzengesellschaften entwickelt haben.

Es ist davon auszugehen, dass durch naturgemäße Waldwirtschaft, wie sie seit 1985 durchgeführt wird, der Laubholzanteil und der Strukturreichtum zunimmt. Naturgemäße Holzwirtschaft bedeutet, dass kein Kahlschlag durchgeführt und ein vom Alter und von der Höhe stufiger Waldaufbau mit großer Artenvielfalt bevorzugt wird. Dazu gehören auch Nadelbäume wie z. B. Kiefern, deren Vorkommen im Bereich Krämersgrund/Konventswiesen vor über 1000 Jahren durch eine Pollenanalyse nachgewiesen wurde.

Auch die Erhaltung eines angemessenen stehenden und liegenden Totholzanteils gehört dazu. Durch die Bevorzugung von Laubhölzern soll der Strukturreichtum erhöht werden. Ebenso wichtig ist es, Altholzbestände zu schonen, um Höhlenbrütern Brutmöglichkeiten zu bieten.

Der Burgwald ist nicht nur im Frühling ein wahres Naturparadies. Er lädt mit zertifizierten Wanderwegen zu märchenhaften Wanderungen und Spaziergängen ein.

Im Frühling kommt das frische Grün der Buchenblätter im Gegenlicht besonders schön zur Geltung.

Das Kraut der **Heidelbeere** (Vaccinium myrtillus) wächst in großen Bereichen der Kiefernwälder; es deutet auf einen sauren, nährstoffarmen Boden hin.

Frühling im Burgwald
Die hohe Luftfeuchtigkeit hat seine Spuren in Form verschiedenster Moose hinterlassen.

Seinen Namen hat dieser Günsel auf Grund seiner Gestalt: **Pyramiden-Günsel** *(Ajuga pyramidalis)*.

Ursprünglich kommt der **Pyramiden-Günsel** *(Ajuga pyramidalis)* in den Alpen und im Kaukasus vor. Die Tatsache, dass er vor allem auch im südlichen Burgwald dort hauptsächlich an den Wegrändern von Forststraßen wächst, ist dem speziellen Klima zu verdanken; er liebt kühleres, kontinentales Klima. Er unterscheidet sich von dem Kriechenden Günsel durch stärkere Behaarung und kleinere Blütenblätter. Rote Liste (RL) Hessen *stark gefährdet*.

Pyramiden-Günsel (*Ajuga pyramidalis*).

Die linke Pflanze ist der häufig vorkommende **Kriechende Günsel** (*Ajuga reptans*). Die rechte ist weder dem noch diesem Pyramidengünsel zuzuordnen. Sie ist daher sehr wahrscheinlich ein **Hybrid**, der aus beiden Pflanzen hervorgegangen ist.

Das ***Wald-Läusekraut*** (Pedicularis sylvatica) findet man zwar auch auf Feuchtwiesen in Wäldern, es kommt jedoch häufiger in Flach- und Quellmooren und an Grabenrändern vor. In Deutschland ist seine Verbreitung zerstreut bis selten. Derzeit gehen seine Bestände jedoch stark zurück, was vor allem daran liegt, dass extensiv genutzte Frisch- und Feuchtwiesen brachliegen, Feuchtwiesen trockengelegt und solche Gebiete zunehmend intensiv beweidet werden. Deshalb befindet sich die Pflanze auch auf der Roten Liste der Gefäßpflanzen Deutschlands und ist dort momentan als gefährdet, in Hessen als *stark gefährdet* eingestuft. In Mecklenburg-Vorpommern und Brandenburg ist die Pflanze sogar vom Aussterben bedroht.

Es ist durch seinen Gehalt an Aucubin giftig und wurde früher gegen Läuse verwendet, daher stammt auch der deutsche Name.

Die Tatsache, dass die Blätter auch im Winter grün bleiben, hat zur Namensgebung geführt: **Kleines Wintergrün** *(Pyrola minor)*. Die Besonderheit der Pflanze liegt in seiner Versorgung mit Nährstoffen, die durch Wurzelpilze sichergestellt wird. Die Pflanze versorgt sich zusätzlich mit Wasser, Mineralien und Eiweißen und liefert dem Pilz dafür Kohlenhydrate.

Das **Gefleckte Knabenkraut** *(Dactylorhiza maculata)* überdauert den Winter mit Hilfe seiner Wurzelknollen. Wie alle Orchideen benötigt es zum Überleben spezielle Wurzelpilze. Die Art ist kalkmeidend und bevorzugt leicht saure Standorte, was für den Burgwald zutrifft.

Auf der rechten Seite ist die porzellanartige Blüte der **Preiselbeere** *(Vaccinium vitis-idaea)* zu sehen. Mit dem Gefleckten Knabenkraut hat sie gewisse Gemeinsamkeiten, sie ist kalkmeidend und lebt in Symbiose mit Wurzelpilzen.

Der **Rote Fingerhut** *(Digitalis purpurea)* wurde 2007 zur Giftpflanze des Jahres gewählt. Alle Teile der Pflanze sind hochgiftig; zur tödlichen Vergiftung reicht der Verzehr von zwei Blättern. In der Volksmedizin ist der Rote Fingerhut schon im späten 18. Jahrhundert gegen Herzschwäche medizinisch verwendet worden.

Die haarige Raupe des **Brombeerspinners** *(Macrothylacia rubi)* kriecht über vermoderndes Holz. Man sollte diese Haare nicht berühren, da sie allergische Reaktionen hervorrufen können.

Wie man hier gut sehen kann, ist der Baum von Pilzen „gefällt" worden. Baumpilze zersetzen das Holz lebender und toter Bäume mit Hilfe von Enzymen, um damit an Nährstoffe zu gelangen. Sind es solche, die Zellulose abbauen können, wird die Faserstruktur zerstört, das Holz wird brüchig und zerfällt (Würfelbruch), während der Ligninanteil unverändert bleibt. Dieser Vorgang wird als Braunfäule bezeichnet.

Im Gegensatz dazu führt die Weißfäule zur Zersetzung des Ligninanteils, bei der das Holz zerfasert und sich weißlich färbt, da die Zellulose übrig bleibt.

Der **Rippenfarn** *(Blechnum spicant)* ist eine Charakterpflanze des Burgwaldes. In südwestlichen Bereichen Hessens ist er als gefährdet eingestuft. Die auf dem Boden liegenden Farnwedel sind winterhart, während die nach oben strebenden Farnwedel im Frühjahr wachsen und im Herbst Sporen tragen. Er bevorzugt frische, stark bodensaure Wälder.

Der **Keulen-Bärlapp** (Lycopodium clavatum) ist eine mehrjährige, immergrüne, giftige Pflanze, die auf kalkfreie Böden angewiesen ist. Sie bildet erst nach 10-15 Jahren Sporen. Die dann ausgestoßenen Sporen keimen erst nach 6-7 Jahren und bilden einen winzig feinen Vorkeim, auf dem sich männliche und weibliche Keimzellen befinden. Diese können sich gegenseitig befruchten.

Die ausgestoßenen Sporen kann man als Lycopodium-Pulver käuflich erwerben, um damit z. b. „Feuer zu spucken", genauer zu zerstäuben, dabei entsteht ein Feuerball.

In der RL Hessen wird er als *gefährdet* eingestuft.

Dieser Bärlapp ähnelt dem Zweig einer Tanne, daher hat er auch seinen Namen: **Tannenbärlapp** (Lycopodium selago). Die Sporen werden als feinstes Pulver frei, wenn der Bärlapp angestoßen wird. Aus den Sporen entwickeln sich in mehrjährigen Entwicklunszyklen neue Pflanzen. Der Vorkeim wird erst nach 10-12 Jahren geschlechtsreif und wird bis zu 20 Jahre alt. Im Gegensatz zu anderen Arten bildet der Tannenbärlapp Brutknospen aus, die bei Berührung abbrechen. Aus diesen Brutknospen (Bulbillen) entwickeln sich innerhalb kurzer Zeit neue Pflanzen.

Er wächst in lichten, bodensauren Wäldern. Sein Verbreitungsschwerpunkt liegt in den Mittelgebirgen sowie im Alpenraum. Er wird in der RL Hessen als *gefährdet* eingestuft.

In den siebziger Jahren wurde dieser Stein bei Wasserbohrungen auf dem Christenberg freigeschwemmt. Wegen seiner interessanten Form, einer Maus ähnelnd, ist er am Wegesrand aufgestellt worden; daher der Name **Steinmaus**. Irgend jemand hat mit blauer Farbe dieses für alle sichtbar gemacht.

Dieser Grenzstein markierte einen alten Grenzweg Haina-Rosenthal. Hospital Haina = HH, Stadt Rosenthal = Ro.

Der Sage nach ist dieser Stein von einem Riesen vom Christenberg herabgeschleudert worden; daher hat der **Riesenstein** seinen Namen.

Ökologisch besonders wertvoll ist das stehende Totholz; es bietet für viele Tiere Nahrung und Unterschlupf.

Wer in den Alpen in einer Höhe über 1000 m wandert, kennt die **Bartflechte** oder den **Gewöhnlichen Baumbart** (Usnea filipendula). Im Burgwald muss also ein ähnliches Klima herschen, wie in den Höhenlagen der Alpen. Dieses ist im Bereich der *Franzosenwiesen* tatsächlich der Fall.
Die Bartflechte wächst nur in nebelreichen Gebieten mit hoher Luftqualität. In Deutschland wie in Hessen gilt diese Flechte als *stark gefährdet*.
In Flechten gibt es eine Symbiose von Algen und Pilzen, wobei die Grünalgen mittels der Photosynthese Nährstoffe produzieren und die Pilze, die die Form bilden, den Algen einen gewissen Schutz bieten.

Der immergrüne **Sprossende Bärlapp** (Lycopodium annotinum) klettert sogar an Bäumen hoch.

An einem leider zu dunklen Standort in einem Naturschutzgebiet im westlichen Burgwald sind nur ganz weinige Exemplare des **Gewöhnlichen Flachbärlapps** *(Diphasiastrum complanatum)* zu finden. Er benötigt zu seinem Wachstum mehr Licht als er jetzt zur Verfügung hat. Bis zum Jahr 2009 ist diese Pflanze noch als *Zeillerscher Flachbärlapp (Diphasiastrum zeilleri)* bezeichnet worden.

Der **Wald-Schachtelhalm** (Equisetum sylvaticum) meidet Kalk und bevorzugt saure und feuchte Böden, weshalb er im Burgwald häufig vorkommt.

An einer Stelle im Burgwald sind über zehn dieser mannshohen Ameisenhaufen zu finden.

Im Burgwald sind nur ganz wenige Standorte des **Gefleckten Knabekrautes** (Dactylorhiza maculata) bekannt. Es ist eine seltene Orchidee, die in der RL Hessen als *gefährdet* eingestuft ist.

Wächst an Bäumen der **Gewöhnliche Baumbart** oder die **Bartflechte** (Usnea filipendula), so dürfen sie nicht gefällt werden, denn sie ist eine geschützte Art, RL Hessen *stark gefährdet*.

Die im Erdzeitalter Trias vor etwa 220 Millionen Jahren abgelagerten Sedimente aus dem Rheinischen Schiefergebirge ließen eine bis zu 400 Meter hohe Buntsandsteinplatte entstehen, die durch tektonische Anhebung in mehrere Schollen zerbrochen wurde. Der Buntsandstein wurde teilweise von zwei kleinen Vulkanen durchstoßen. Die erstarrte Lava wurde durch Erosion freigelegt und liegt heute als Basaltmasse vor, dem *Grossen* und *Kleinen Badenstein* an den Franzosenwiesen. Dies ist eine geologische Besonderheit im Burgwald. Die Erhebung des **Großen Badensteins** gleicht einem Krater, da der Basaltpfropfen aus dem ihn umgebenden Buntsandstein ausgeräumt wurde. Die Bezeichnung „Baden" entstammt einem althessischen Wort und bedeutet „nützen" oder „hel-

fen". Dem Protokoll der Stadt Rosenthal von 1722 ist zu entnehmen, dass zweihundert Wagen Steine zur Ausbesserung des Strassenbelages für die Stadt Rosenthal vom Badenstein abgefahren wurden. Seit dem Jahre 1830 wurden dort keine Basaltsteine mehr gebrochen. Blaubasaltsteinpflaster vom Badenstein sind in den Städten Rosenthal und Wetter noch heute anzutreffen. Selten hat man einen so guten Zugang zum Buntsandstein wie hier „im" Großen Badenstein.

Herbststimmung im zentralen Burgwald.

Die moosüberzogenen Holzskelette zeugen von hoher Feuchtigkeit.　　　　　　　　Eine interessante Färbung hat sich auf dem alten Holz ergeben.

Hier füttert ein **Schwarzspecht-Männchen** *(Dryocopus martius)* seine Jungen. Er ist mit Abstand der größte europäische Specht. Seine Nahrung besteht aus totholzbewohnenden Ameisen und Larven, die er auch in größeren toten Fichtenstämmen freilegt.
Da er bevorzugt seine Höhlen in großen alten lebenden Rotbuchen anlegt, sollten Althölzer vom Fällen verschont bleiben. Der Specht benötigt also die Fichte als „Brotbaum" und die Rotbuche als „Wohnbaum". Wie auf der rechten Seite gezeigt, liefert er auch für andere Höhlenbrüter Bruthöhlen.

Die **Hohltaube** (Columba oenas) gehört zu den fünf Taubenarten, die in Mitteleuropa vorkommen. Sie ist etwa so groß wie die Stadttaube und brütet meistens in Höhlen des Schwarzspechtes. Deshalb beginnt sie mit der Brut oft erst dann, wenn die Höhlenkonkurrenten wie Dohle, Schwarzspecht und Raufußkauz mit ihrer Brut fertig sind. Gebrütet wird in der Zeit zwischen März und September mit bis zu drei Bruten.

Der **Star** (Sturnus vulgaris) ist einer der häufigsten Vögel der Welt. Im Gegensatz zur Hohltaube ist er nicht auf eine Bruthöhle des Schwarzspechtes angewiesen, sondern auch in der Lage, selber ein Nest zu bauen. Stare führen eine sogenannte Brutehe. Als Allesfresser ist die Nahrung jahreszeitlich unterschiedlich. Sie besteht aus Insekten, Regenwürmern und Obst. Auch menschliche Nahrungsabfälle in Siedlungen und Müllkippen werden angenommen.

Herbstlicher Burgwald

Herbstimmung am Christenberg

  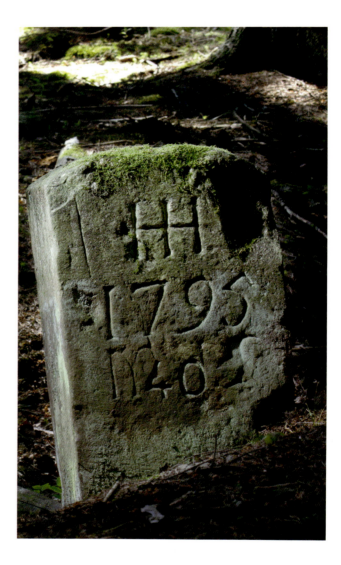

Laut einer Erzählung soll eine Trödlerin mit „Marburger Dibberche" auf dem Weg zum Markt nach Frankenberg ermordet worden sein, obwohl sie nur 18 Pfennige bei sich gehabt habe. Weder in den Kirchenbüchern noch in der Marburger Zeitung von 1852 ist von der Untat die Rede. Dennoch wurde der armen Frau dieser Gedenkstein, der **Dibbefrau-Stein**, gesetzt.

Dieser Grenzstein hat die Form eines Winkels, da er die Nahtstelle zwischen den drei Forsten Haina, Rosenthal-Stadt und Rosenthal-Staats-Wald festlegt. Dadurch bekam er auch seien Namen als **Dreiländer-Stein**.

Der **Hospital-Grenzstein** von 1795 kennzeichnet einen alten vorgeschichtlichen Höhenweg aus dem Schwalmgrund von Treysa über Gemünden in nordwestlicher Richtung zum Knebelsrod, dem mit 443 m höchsten Berg des Burgwaldes. Es handelt sich um einen Grenzweg Haina-Rosenthal.
Hospital Haina = HH, Stadt Rosenthal = Ro

Hoch über der Straße von Schönstadt nach Bracht liegt eine wuchtig vorspringende Felsformation, die eine kleine Höhle im Berg überdeckt. Der **Bilstein** oder **Heidenstein** soll in vorchristlicher Zeit Versammlungsort und Opferstätte gewesen sein.

Der **Luchs** *(Lynx lynx)* ist in Hessen schon mehrfach nachgewiesen worden; Ende September 2005 ist er von einer Überwachungskamera in Marburg-Cappel erfasst worden. Es gibt Vermutungen, dass er auch den Burgwald durchstreift. Dieses Tier lebt in dem Tierpark Sababurg im Reinhardswald.

Das „grüne Monster aus dem Burgwald" ist die **Grüne Huschspinne** *(Micrommata virescens)* aus der Familie der Riesenkrabbenspinnen, die 2004 zur Spinne des Jahres gewählt wurde. Die Familie der Riesenkrabbenspinnen ist eigentlich in den Tropen beheimatet. Die grüne Huschspinne ist die einzige europäische Vertreterin. Sie ist ein tagaktiver Jäger, der ohne Netz jagt. Sie lebt in lichten Wäldern, an Waldrändern oder auf buschbewachsenem Trockenrasen. Bei der Paarung besteigt das Männchen das Weibchen von vorne, beugt sich zur Seite herunter und führt einen Taster ein. Dieser Prozess kann mehrere Stunden andauern.

Der Biss der Spinne ist ein wenig schmerzhaft, aber ohne Nachwirkung.

Der *Hans-Ross-Stein*

Der Ernsthäuser Förster wurde am 28. Juni 1676 hier an dieser Stelle im Pfuhlgrund von Wilddieben erschossen. Der Volksmund berichtete, dass Hans Ross Schüsse im Wald hörte, sofort aufbrach und dann die drei Wilddiebe hinter einer dicken Eiche entdeckte. Sie hätten ihn gewarnt „Hans Ross bleib zurück, sonst zerbrichst Du Hals und Genick." Nachdem er auf sie zugegangen sei, hätten sie ihm mit einem Warnschuss den Knoten vom Halstuch geschossen. Er aber habe das missachtet, da er sich für kugelfest und mit dem Satan im Bunde geglaubt habe. Er wurde dann doch von einer Kugel der Wilderer tödlich getroffen. Als man ihn sterbend fand, habe er den Wunsch geäußert, an Ort und Stelle begraben zu werden (Steinmale 76).

Dieses 400-500 Jahre alte **Sühnekreuz** soll an einen Schäfer erinnern, der von Räubern überfallen und ermordet wurde. Im Mittelalter war es üblich, dass gefasste Räuber neben anderen Strafen auf eigene Kosten zur Errichtung eines Sühnekreuzes an der Stelle der Untat verurteilt wurden.

Der **Straßenbau-Fron-Stein** erinnert daran, dass die Willersdorfer, die dem Landgrafen zum Hand- und Spanndienst verpflichtet waren, pro Jahr sechsundzwanzig vierspännige Wagenladungen Kies und Steine fahren, und sechsundvierzig Dienste, wahrscheinlich Arbeitstage, leisten mussten, so das alte Lager- Stück- und Steuerbuch. Er wurde 1768 aufgestellt.

Was hier so gelb durch den Wald leuchtet ist, die **Gelbe Lohblüte** *(Fuligo septica)*. Sie gehört zu den Schleimpilzen, die aber keine Pilze sind. Sie gehören, neben dem Reich der Tiere, Pflanzen und Pilze, zu einem Reich der Protisten.

Diesen Schleimpilz muss man schon mit einem Makroobjektiv fotografieren, um seine Gestalt erfassen zu können; es ist der **Halbkugelige Krustenpilz** *(Didymium melanospermum)*.

Unter dieser Buche ruht man gut.

Einer der schönsten Pilze im Wald ist der **Fliegenpilz** *(Amanita muscaria var. muscaria)*. Er gilt als tödlich giftig, was aber nicht stimmt. Durch seinen Gehalt an Ibutensäure, die sich im Körper zu Muscimol umwandelt, hat der Pilz nach dem Verzehr erst einmal eine berauschende Wirkung. Diese wurde in manchen sibirischen Völkern bewust herbeigeführt.

Wenn man diesen Pilz im Wald sieht, ist man wegen seiner intensiven violetten Färbung erst einmal irritiert. Würde man ihn benennen mit seinem dicken Fuß und der Farbe, käme der richtige Name zustande: dieses ist der **Dunkelviolette Dickfuß** *(Cortinarius violaceus)*.

Der **Grünblättrige Schwefelkopf** *(Hypholoma fasciculare)* ist ein Bewohner von morschem Holz. Es wird von dem Pilzgeflecht zersetzt und dient dann als Nahrung. Da der Pilz nur an totes Holz geht, hat er forstwirtschaftliche Bedeutung, denn er behindert die Ausbreitung des Hallimasch, der auch an lebenden Bäumen wächst und diese in wenigen Jahren zum Absterben bringt.

Auch der Herbstwald lädt zu Wanderungen oder Spaziergängen ein.

Auffällig ist bei der **Schwanzmeise** *(Aegithalos caudatus)* der lange Schwanz, daher auch der Name. Dieser dient zum präzisen Ausbalancieren beim Hangeln auf den äußeren Enden feiner Zweige, auf denen sie vorrangig ihre Nahrung sucht. Diese bilden eine ökologische Nische für die Schwanzmeise. Bei biologischen Untersuchungen hat man die Länge des Schwanzes auf die einer Blaumeise gestutzt. Es hat sich gezeigt, dass sie die Möglichkeit des Balancierens dadurch verloren hat.

Der **Erlenzeisig** *(Carduelis spinus)* brütet am liebsten in Fichten; sein Name rührt daher, dass er sich von Erlen- und Birkensamen ernährt.

Die **Blaumeise** *(Cyanistes caeruleus, Syn. Parus caeruleus)* ist in Europa ein weit verbreiteter Vogel. Durch die blaue Färbung ist er einfach zu bestimmen.

Der **Sprossende Bärlapp** (Lycopodium annotinum) unterscheidet sich vom Keulen-Bärlapp (Lycopdium clavatum) dadurch, dass seine Blätter bis an den Sporophyllstand wachsen, während sie beim Keulen-Bärlapp am Ende von aufrechten Ästen angeordnet sind.

Die ganze Schönheit der Heideblüte wird erst in einem Makrofoto deutlich. Die Pflanze, die landläufig als Heide bezeichnet wird, ist die **Besenheide** (Calluna vulgaris).

Er sieht aus wie eine Koralle, gehört aber nicht zu den Korallenpilzen, sondern zu den Gallertpilzen. Es ist der **Klebrige Hörnling** (Calocera viscosa), er wächst an totem Nadelholz. Dieser ungenießbare, zähe Pilz ist leicht mit der Goldgelben Koralle zu verwechseln, die zwar essbar ist, aber wiederum leicht mit anderen giftigen Korallenpilzen verwechselt werden kann.

Frühnebel im herbstlichen Burgwald.

Eine Gruppe von **Fliegenpilzen**.

Nur am Stammgrund oder an Stümpfen von Nadelbäumen findet man die **Krause Glucke** oder **Fette Henne** *(Sparassis crispa)*. Sie ist ein gesuchter Speisepilz mit bissfestem, schmackhaftem Fleisch.

Bei dem **Violetten Lacktrichterling** *(Laccaria amethystina)* scheint beim Wachsen irgend etwas schief gegangen zu sein. In den Abbildungen der Pilzliteratur sieht er doch wie ein „richtiger" Pilz aus.

53 WALD

Wie ein Feuerwerk leuchtet dieses Grasbüschel.

Unterhalb des Christenberges führt dieser Wanderweg zum Naturschutzgebiet *Christenberger Talgrund*.

Ausblick vom Restaurant auf dem Christenberg in das Tal der Wetschaft.

Ein Oktobertag am Naturschutzgebiet *Franzosenwiesen*.

Was hier so herbstlich, idyllisch wirkt, ist eigentlich das Standortfoto des **Ästigen Stachelbartes** *(Hericium coralloides)*. Er ist als kleiner, weißer Fleck oben rechts am senkrechten Stamm der sich zersetzenden Buche zu sehen. Wie jeder Pilz, der auf morschen Stämmen wächst, bezieht er seine Nährstoffe aus dem Holz.

Der Pilz des Jahres 2006 war der **Ästige Stachelbart** *(Hericium coralloides)* Es ist ein sehr seltener Pilz, der sich bevorzugt auf morschen Buchenstämmen ansiedelt. Aufgrund seiner Seltenheit ist er auf der RL als *stark gefährdet* eingestuft.

Durchblick auf herbstlich gelbe Blätter.

Im Burgwald gibt es zertifizierte Wanderwege, aber auch viele andere, die gut ausgeschildert sind.

Eine schöne Ansammlung von Pilzen. Da kein Foto von der Unterseite und dem Stil existiert, ist die Bestimmung nicht ganz eindeutig. Wahrscheinlich ist es der **Keulenfüßige Trichterling** *(Ampulloclitocybe clavipes)*.

Die **Ebenästige Rentierflechte** *(Cladonia portentosa)* wächst auf kargen, sauren Böden und felsigem Untergrund. Im Burgwald sind nur wenige Vorkommen bekannt.

Morgennebel im zentralen Burgwald.

Eine unglaubliche Vielfalt von Pflanzen und Tieren ernährt sich von abgestorbenem Holz.

Die Rinde des Baumstumpfes einer **Douglasie** *(Pseudotsuga menziesii)* ist nach dem Fällen noch weiter gewachsen, so dass sich Wasser sammeln kann. Normalerweise stirbt auch der Stumpf nach dem Fällen ab. Man nimmt an, dass dieser Baumstumpf für kurze Zeit von anderen Douglasien mit versorgt wurde..

Auch hier findet Recycling statt.

Im herbstlich gefärbten Burgwald kann man gut die Vielfalt der Baumarten erkennen.

Herbststimmung im Burgwald.

Winterstimmung am Forsthaus Bracht.

Dieser markante Baum auf dem Galgenberg bei Rosenthal ist die sogenannte *Gerichtseiche* mit einem Stammumfang von 7 m. Ihr Alter wird auf 300 Jahre geschätzt.

Wie ein Kobold reckt sich diese Eiche am Forsthaus Bracht.

linke Seite: Winterwald

Mitten im Wald in der Nähe der Franzosenwiesen steht der Wolfsturm. Er stammt aus der Zeit der großen landgräflichen Jagden und war ursprünglich mit einem schiefergedeckten steilen Runddach bedeckt. Die landgräflichen Jäger standen so geschützt an den Schießscharten und ließen sich das Wild von den Treibern vor die Flinten treiben. Es ist nicht bekannt, ob es Verluste unter den Treibern gab.

Nacht im Burgwald.

72 WIESE SUMPF MOOR

WIESE SUMPF MOOR

Die Besonderheiten des Burgwaldes sind, neben den großen zusammenhängenden Waldflächen, die versumpften und vermoorten Talzüge, die es ursprünglich im gesamten Burgwald bis an den Rand der Buntsandsteinplatte gab. Im zentralen Burgwald existieren sie z. T. immer noch. Trotz früherer Trockenlegungsversuche existieren hier Feuchtwiesen, Schwingrasen, Sümpfe, Niedermoore, Zwischenmoore und einzelnen Hochmoorflächen.
Es entstehen dort (Moor-?) Birkenwälder und Ohrweiden-Moorgebüsche und verschiedene Formen von Feuchtwäldern wie Bacherlen- und Erlensumpfwälder. Hier sind besonders die Bereiche *Christenberger Talgrund*, *Krämersgrund/Konventswiesen* und *Diebskeller/Landgrafenborn* und der zentrale Moorkomplex *Franzosenwiesen* zu erwähnen. Diese sind bereits Mitte der 1980er Jahre als Naturschutzgebiete mit umgebenden Landschaftsschutzgebieten als wichtige Pufferzonen ausgewiesen worden (HGON: Ausgewählte Naturschutzaktivitäten im Rahmen des Modellprojekts Burgwald 2006).
Es ist schon außergewöhnlich, dass sich trotz der geringen Niederschlagsmengen im zentralen Burgwald Moore entwickeln konnten und können. Durch die Feuchtgebiete in den Talzügen und im Senkenbereich der *Franzosenwiesen* wird das kühle und luftfeuchte regionale Klima bestimmt, während an den Hängen eine eher trockene aber gleichzeitig kühlere Zone entsteht.
Diese besonderen Klimazonen des zentralen Burgwaldes sind die Voraussetzung dafür, dass sich in einem Mittelgebirge in diesen Breiten eine außergewöhnliche Vegetation entwickeln konnte.
Hier existieren z. T. gegensätzliche Pflanzengesellschaften dicht nebeneinander (PB 37). Es existieren Pflanzen, die dem nordisch-kontinentalen Raum zuzuordnen sind, wie z. B. der Gemeine Flachbärlapp, der bis vor kurzem noch als der Zeillersche Flachbärlapp bestimmt war, der Sprossende Bärlapp und der sehr seltene Kammfarn; hier wächst an ihrer westlichen Ausbreitungsgrenze die seltene Schlangenwurz, auch Sumpfkalla genannt.

Eine weitere Pflanzengesellschaft ist die montan-subalpine, der der an Wegrändern im Burgwald häufige Pyramidengünsel zuzurechnen ist.
Dazu hat sich hier eine nordisch-arktische Pflanzengesellschaft angesiedelt, wie z. B. Siebenstern, Schmalblättriges und Scheidiges Wollgras, letztere bilden in den Mooren größere Bestände (PB 37).
Dazu gibt es die mehr nordisch-atlantisch orientierten Pflanzengesellschaften, die ausgeglichen luftfeuchte Bedingungen in den Talgründen vorfinden. Hier sind Keulenbärlapp und Sonnentau typische Vertreter, die ein kühl-luftfeuchtes Klima zum Wachstum benötigen.
An den kühlen, aber trocknen Hängen wachsen ozeanisch-präalpine Pflanzengesellschaften wie Arnika und Tannenbärlapp.
Eine weitere Pflanzengesellschaft benötigt eine hohe Luftfeuchte, erträgt gerade noch die nordisch-kühlen Bedingungen. Typische Beispiele hierfür sind das Waldläusekraut und die Glockenheide, welche hier ihre südöstliche Verbreitungsgrenze hat, sie ist in den Mooren der Rhön nicht nachgewiesen worden. Sie befindet sich in Zwischenmooren in Gesellschaft mit verschiedenen Torfmoosen und Moosbeeren, Sumpfveilchen und Wollgräsern.
Wetschaft, Wohra und Ohm sind von zeitweise überfluteten Auen umgeben. Diese sind wertvolle Lebensräume stark bedrohter Wiesenvögel wie Kiebitz, Großer Brachvogel und Wachtelkönig.
Als besonders schöner Anblick dürfen natürlich die Orchideenwiesen nicht unerwähnt bleiben. Sie werden einmal jährlich gemäht, das Mähgut muss entfernt werden, damit der magere Standort als solcher erhalten bleibt. Sie liegen im Naturschutzgebiet *Krämersgrund/Konventswiesen* und bieten mit ausgedehnten Beständen des Breitblättrigen Knabenkrautes in den Frühjahrsmonaten ein beeindruckendes Bild. Als weitere Orchidee der Wiesen ist hier die Waldhyazinthe zu finden.

Der **Sumpf-** oder **Kleine Baldrian** (*Valeriana dioica*) wächst auf vermoorten Standorten und ist deshalb schon gefährdet, da viele Moore trockengelegt worden sind. Deshalb RL Hessen *Vorwarnliste*.

Die Blüte des **Sumpfblutauges** (*Potentilla palustris*) gilt als die schönste Erscheinung im Moor. Als Pflanze ist sie zwischen den anderen Gewächsen oft nur schwer zu finden.

Das **Sumpfblutauge** *(Potentilla palustris)* kommt ausschließlich in der nördlichen Hemissphäre vor. Der Name deutet zu Recht auf seinen bevorzugten Standort hin, weil es feuchte, bis nasse Bereiche bevorzugt. Der zweite Teil des Populärnamens könnte durch die Farbe der Blüte oder, ebenfalls noch zutreffend, auf den roten Saft, der aus den angeschnittenen Wurzeln austritt, zustande gekommen sein. Die Pflanze gehört zur Familie der Rosengewächse, sie wird 20 bis 60 cm hoch und blüht zwischen Juni und Juli.

Aufgrund der Trockenlegung von Feuchtgebieten ist der Bestand des Sumpfblutauges natürlich bedroht. In der RL Hessen wird die Pflanze als *stark gefährdet* eingestuft.

Zwei Frühlingsboten in gelb, wobei der **Zitronenfalter** *(Gonepteryx rhamni),* auf der Blüte des **Huflattichs** *(Tussilago farfara)* sitzend, schon etwas mitgenommen aussieht. Das ist auch kein Wunder, denn der Falter ist die einzige mitteleuropäische Schmetterlingsart, die ohne Schutz in der Vegetation überwintern kann. Dank Glycerin, Sorbit und Eiweißstoffen ist der Gefrierpunkt der Körperflüssigkeiten so niedrig, dass er Temperaturen von bis zu minus 20°C überleben kann. Er sitzt zur Überwinterung in Bodenhöhe auf Zweigen oder zwischen trockenem Laub. Die Männchen können an der zitronengelben Farbe gut erkannt werden, während die Weibchen viel blasser dem Kohlweißling ähneln. Man kann sie auf der Flügelunterseite leicht an einem roten Punkt in Flügelmitte identifizieren.

Im Frühjahr ab März fliegen die Zitronenfalter, trinken Nektar, paaren sich und legen ihre Eier bevorzugt auf den Blättern vom **Faulbaum** *(Frangula alnus)* ab. Hier befindet sich die Raupe des Zitronenfalters auf einem Faulbaumblatt.

Es ist bei dieser Fülle an violetten Blütenständen kaum zu glauben, dass das **Breitblättrige Knabenkraut** *(Dactylorhiza majalis)* auf der RL Deutschland wie auch in Hessen als *gefährdete* Orchidee geführt wird. In vielen Bundesländern scheint es noch weniger Standorte zu geben, denn dort gilt sie als *stark gefähr-* *det*. Die größte Gefahr für die Standorte ist die Düngung mit Stickstoff, da die Pflanze stickstoffarme, feuchte bis nasse Wiesen bevorzugt. Auch die Trockenlegung von Wiesen lässt den Bestand schrumpfen.

Im Burgwald befinden sich in den Steinbrüchen mehrere Brutpaare der größten Eulenart, des **Uhu** *(Bubo bubo)*. Durch die benachbarte Talaue der Wetschaft hat der Uhu ein ideales Jagdrevier. Die durchschnittliche Größe eines Uhuvieres beträgt 40 km². Dieses Jagdrevier kann auch von anderen Individuen benutzt werden, nur der enge Bereich um das Nest wird verteidigt.
Als nächtlicher Jäger begibt er sich mit Beginn der Dämmerung auf die Jagd, um Mitternacht eine Jagdpause einzulegen. Anschließend wird bis zur Morgendämmerung weiter gejagt. Als Beutetiere sind mehr als 50 unterschiedliche Säugetierarten und fast 180 Vogelarten nachgewiesen worden. Das Beuteschema richtet sich natürlich auf das im Jagdrevier vorherrschende Angebot an Beutetieren. Beute, die im Flug weggetragen wird, kann über 2 kg wiegen. Auch ist der Uhu in der Lage, im Flug Vögel, wie Raben, Dohlen, Tauben oder Enten zu schlagen. Bevorzugt werden aber Vögel, die nachts auf Ästen ruhen oder aufgeschreckt auffliegen.

79 WIESE SUMPF MOOR

Im Burgwald finden sich nur wenige Standorte des **Gefleckten Knabenkrautes** (Dactylorhiza maculat). Diese Pflanze benötigt, wie alle Orchideen, spezielle Wurzelpilze, mit deren Hilfe sie sich vor allem im Jugendstadium ernährt. In der RL Hessen wird sie als gefährdet eingestuft.

Die **Einbeere** (Paris quadrifolia) liebt schattige Wälder auf feuchten Böden. Sie blüht im April bis in den Mai und wird 10-20 cm hoch. Sie bringt eine kugelige, blaue bis schwarze Beere, die etwa kirschgroß werden kann, hervor. Essen sollte man sie nie, denn sie enthält Giftstoffe, die zum Tod durch Atemlähmung führen können.

Die Besonderheit des **Fieberklees** (Menyanthes trifoliata) besteht in seiner Schwimmfähigkeit, die durch Luftröhren innerhalb der Blattstiele zustande kommt. Dadurch ragen die Laubblätter und Blüten immer aus dem Wasser. Die Blütezeit reicht von Ende April bis Juni. Da viele natürliche Standorte in Europa trockengelegt wurden, gelten die Pflanzen als gefährdet. RL Hessen gefährdet.

Der weitere Name der **Glockenheide** (Erica tetralix), **Sumpfheide**, deutet auf ihren Standort hin. Sie wächst in nährstoffarmen Mooren und erreicht Wuchshöhen zwischen 15 und 50 cm. Die meisten Pflanzen, die auf nasse Standorte angewiesen sind, gehören zu den gefährdeten Pflanzen. Für den Burgwald kommt hinzu, dass dieser Standort der südöstlichste des natürlichen Vorkommens ist, da die kleinklimatischen Besonderheiten der Hochmoore atlantischen Pflanzen ein Überleben sichern. RL Hessen gefährdet.

Der zu den fleischfressenden Pflanzen gehörende **Rundblättrige Sonnentau** *(Drosera rotundifolia)* kommt an verschiedenen Standorten im Burgwald vor. Er ist auf einen sonnigen, nassen und nährstoffarmen Boden mit saurem Charakter angewiesen. Deshalb wächst er in der Regel in Mooren oder Feuchtgebieten, wie sie die *Franzosenwiesen*, der *Lange Grund* (Schönstadt) und der *Christenberger Talgrund* bieten. Auch Sonnentau ist durch Trockenlegen der Moore gefährdet. RL Hessen *stark gefährdet*.

Der Sonnentau blüht von Juni bis August an bis zu 30 cm hohen Stängeln mit weißen Blüten, die sich nur bei Sonnenschein öffnen.

Hier ist die **Frühe Adonislibelle** *(Pyrrhosoma nymphula)* das Opfer der klebrigen Blätter des Sonnentaus geworden.

Die streng geschützte **Sumpf-Calla** *(Calla palustris)*, auch **Sumpfkalla**, **Drachenwurz** und **Schlangenwurz** genannt, ist nicht nur wegen ihrer charakteristischen Struktur auf Feuchtgebiete angewiesen, sondern auch wegen ihrer Fortpflanzung. Sie wird nicht nur von Insekten, sondern auch von Schnecken bestäubt, die auch auf Feuchtigkeit angewiesen sind. Die Pflanze ist wegen der wenigen noch vorhandenen Sumpfgebiete gefährdet, aber auch, weil es Zeitgenossen gibt, die sie für ihren Gartenteich ausgraben. RL Hessen *gefährdet*.

Die Blütezeit der **Kuckuckslichtnelke** *(Caryophyllaceae)* ist Mai bis Juni, also die Zeit, in der der Kuckuck ruft. Die Befruchtung erfolgt aufgrund des tiefen Kelches durch langrüsselige Insekten wie Schmetterlinge.

Die Blüten der **Gewöhnlichen Moosbeere** *(Vaccinium oxycoccus)* sind sehr klein, dafür aber von einer ausnehmend schönen Farbe. Im Vergleich zu dem Moos, auf dem sie wächst, kann man ihre Größe abschätzen.

Hier sieht man den Unterschied zwischen den beiden unterschiedlichen Moosbeeren des Burgwaldes.
Die rote kleine Frucht stammt von der **Gewöhnlichen Moosbeere** (*Vaccinium oxycoccus*).
Die Moosbeerenpflanzen der gelblich melierten großfrüchtigen Variante sind in der botanischen Literatur (wahrscheinlich) noch nicht beschrieben und damit nicht bestimmt.

Bei Reif ahnt man die geringe Größe der *Gewöhnlichen Moosbeere*.
In Deutschland wird die Pflanze als *gefährdet* eingestuft, da ihr typischer Standort Moor durch Trockenlegung stark dezimiert wird.
In Finnland ist sie die wichtigste Nutzpflanze der Moore; sie wird dort geerntet.
Der wissenschaftliche Name *Oxycoccos* ist vom griechischen „oxys" - sauer und „kokkos" - Beere abgeleitet, da die Beeren sauer schmecken. Der deutsche Name **Moosbeere** zeigt, dass die Beeren häufig auf Moospolstern aufliegen.

Die Wetschaftsaue bietet vielen Tieren ein reichhaltiges Nahrungsangebot, von dem der **Mäusebussard** *(Buteo buteo)* profitiert.

Wie beim Mäusebussard ist auch beim **Turmfalken** *(Falco tinnunculus)* der Bruterfolg vom Angebot an Feldmäusen abhängig. Er greift seine Beute mit den Fängen und tötet sie durch einen Biss in den Nacken. Typisch für den Turmfalken ist der Rüttelflug, bei dem er eine Zeit lang an einem Ort in der Luft verharrend nach Beute suchen kann.

Orchideen wie das **Breitblättrige Knabenkraut** (Dactylorhiza majalis) produzieren riesige Mengen an winzigen Samen, die leicht vom Wind weit verfrachtet werden können. Für eine erfolgreiche Keimung reicht das aber nicht aus, da der Keimling keinerlei Nährgewebe, wie bei vielen anderen Pflanzen üblich, besitzt. Er ist auf die Symbiose mit einem **Wurzelpilz** (Mykorrhiza) angewiesen, der ihm Kohlenhydrate, Eiweiße und Aminosäuren liefert. Nach Ausbildung eigener Wurzeln und Blätter können manche Orchideen auch ohne den Pilz überleben, manche bleiben aber zeitlebens von ihm abhängig.

Im Burgwald sind nur einige wenige Standorte des sehr seltenen **Kammfarns** *(Dryopteris cristata)* zu finden. In der RL Hessen ist er als *vom Aussterben bedroht* eingestuft. Der Farn ist auf Bruchwälder, das sind permanent nasse, zeitweilig überstaute, sumpfige Wälder, besonders auf Erlenbruchwälder angewiesen, auch in Mooren kommt er vor.

Die Moospolster in den Mooren und nassen Stellen des Burgwaldes werden meist von dem am höchsten wachsenden europäischen Moos, dem **Goldenen Frauenhaarmoos** *(Polytrichum commune)*, gebildet. Den Namen hat das Moos von den goldfarbenen Filzhärchen an der Kapsel.

Im Mittelalter wurden aus dem Moos sogenannte Mooszöpfe geflochten, die als Schiffstaue Verwendung fanden (Wikipedia).

Der **Braunfleckige Perlmutterfalter** (Boloria selene) ist noch in einigen Naturschutzgebieten im zentralen und nördlichen Burgwald zu finden. Seine Raupen entwickeln sich an verschiedenen Veilchen-Arten. RL Hessen *stark gefährdet* (FEISEL).

Der sehr seltene **Große Eisvogel** (Limenitis populi) ist der größte einheimische Tagfalter und mit seinen fast zehn Zentimetern Flügelspannweite und seiner wunderbaren Färbung eine überaus imposante Erscheinung. Die Schwarzpappel und vor allem die Zitterpappel sind die ausschließlichen Nahrungspflanzen für die Raupen des Großen Eisvogels.
Auf Blüten wird man diesen Schmetterling zur Nahrungsaufnahme hingegen niemals finden, da er Mineralien aus Kot und Aas aufnimmt. RL Hessen *stark gefährdet* (FEISEL).

Eine echte Rarität hat der Burgwald mit der **Arktischen Smaragdlibelle** *(Somatochlora arctica)* aufzuweisen. Sie zählt zu den seltensten Libellen in Hessen und findet sich derzeit nur noch vereinzelt im Burgwald, in der Rhön und an einem Fundort im Spessart. Andere ehemalige Fundorte in Hessen sind offenbar inzwischen erloschen.

Die Arktische Smaragdlibelle gilt als spezialisierte Moorlibelle. Sie entwickelt sich in Moorschlenken und wassergetränkten Torfmoosflächen, die mitunter oberflächlich überhaupt kein Gewässer erkennen lassen. Die Larven benötigen für ihre Entwicklung zwei bis drei Jahre.

Bei den fertig entwickelten Tieren lassen sich die Männchen am ehesten an der Form der Hinterleibsanhänge erkennen. Sie erinnern an die „Zangen" von Ohrwürmern.

Durch den Verlust von geeigneten Lebensräumen gilt die Art in Hessen als auch bundesweit in den entsprechenden Roten Listen als *stark gefährdet* (FEISEL).

Im Unterschied zum Schmalblättrigen Wollgras bildet das **Scheidiges Wollgras** *(Eriophorum vaginatum)* einen Blütenstand aus einer einzelnen weißen Ähre, die aus bis zu einhundert Einzelblüten besteht. Die Blütenhüllfäden der Früchte bestehen aus vielen dicken weißen Wollhaaren. Das *Scheidiges Wollgras* wächst in dichten Horsten; im Gegensatz zum *Schmalblättrigen Wollgras* bildet es keine Ausläufer. Es bevorzugt trockenere Standorte.

Hier sieht man deutlich den Unterschied zum Blütenstand des Scheidiges Wollgrases: beim **Schmalblättrigen Wollgras** *(Eriophorum angustifolium)* bilden sich drei bis fünf Ähren.
Es bevorzugt einen nassen, kalkarmen Standort und ist auf direkte Sonnenbestrahlung angewiesen. Durch Ausläufer kann es sich ebenfalls vermehren.

Wolle satt!
Im Gegensatz zum Jahr 2010 blühte das **Schmalblättrige Wollgras** (*Eriophorum angustifolium*) im Jahr 2011 im *Christenberger Talgrund* besonders zahlreich. Was wir hier sehen, sind die Hüllfäden der Blütenhüllen, die sich nach der Blütezeit bis zu 5 cm verlängern und später als Einheit mit den Samen abfallen.

Die Weibchen des **Dunklen Wiesenknopf-Ameisenbläulings** (Phengaris nausithous) legen die Eier auf die Knospe des **Großen Wiesenknopfes** (Sanguisorba officinalis). Nach dem Schlüpfen wird die Blüte aufgefressen. Die Raupen imitieren zur Tarnung die Farbe der Blüte, die anfangs eine dunkelrote bis später eine hell rötliche Färbung aufweist. Der Raupen lassen sich nach dem Fressen fallen und warten, bis sie ihre Wirtsameisen in deren Bau tragen, da sie den Nestgeruch der Ameisen imitieren. Dort fressen sie bis zur Verpuppung Ameiseneier und -larven. Nach dem Schlüpfen im Frühjahr müssen sie schnell das Nest verlassen, sonst werden sie selber zu Beute. RL *gefährdet*.

Wie ihr Name schon vermuten lässt, besiedelt die **Sumpfschrecke** (Stethophyma grossum) ausschließlich Feuchtgebiete. Man findet sie bei uns auf Feucht- und Nasswiesen, entlang von Grabenrändern und im Uferbereich von Stillgewässern, allerdings meist nur in geringer Anzahl.
Diese Art gilt daher inzwischen als Indikator für intakte Feuchtgebiete. In der Roten Liste Deutschlands wird die Sumpfschrecke schon als *stark gefährdet* bezeichnet, die RL Hessens führt sie als *gefährdet* (FEISEL).

An Bächen und Teichen sieht man häufig ein fast schwarzes, gaukelnd fliegendes Insekt, das eher wie ein Schmetterling wirkt. Es ist die **Gebänderte Prachtlibelle** *(Calopteryx splendens)*. Neben der etwas selteneren Blauflügel-Prachtlibelle ist sie die einzige der Prachtlibellen, die in Deutschland vorkommt.

Die Raupe des Schmetterlings **Jakobskrautbär** oder auch **Blutbär** oder **Karminbär** (Tyria jacobaeae) genannt, ernährt sich hauptsächlich von dem giftigen Jakobs-Greißkraut, das hier auf dem Foto zu sehen ist. Die Raupen besitzen die gelb-schwarze Warnfärbung, um auf ihre Giftigkeit hinzuweisen. Das Gift nehmen sie durch das Fressen des Jakobs-Greißkrautes auf. Sie nehmen selber keinen Schaden dadurch, da das Gift mit körpereigenem Gegengift neutralisiert wird. Die Schmetterlinge sind nachtaktiv.

Das **Hornklee-Widderchen** (Zygaena trifolii) gehört zu der Familie der Widderchen. Die Widderchen gehören biologisch zu den Nachtfaltern, obwohl sie tagfliegend sind.

Diese schönen Moosposter stammen vom **Goldenen Frauenhaarmoos** (Polytrichum commune).

100 WIESE SUMPF MOOR

Verschiedene Moose am Teich im Naturschutzgebiet *Christenberger Talgrund*.

links: Franzosenwiesen

rechts: Teich im Naturschutzgebiet *Franzosenwiesen*

101 WIESE SUMPF MOOR

Es kann vorkommen, dass zwei Pflanzen, die eigentlich unterschiedliche Standorte bevorzugen, an derselben Stelle wachsen, wie hier im Vordergrund das **Wald-Läusekraut** *(Pedicularis sylvatica)* und der **Rundblättrige Sonnentau** *(Drosera rotundifolia)*. Diese Stelle liegt im Naturschutzgebiet *Langer Grund* bei Schönstadt.

Das Foto zeigt ein frisch geschlüpftes Männchen der **Torf-Mosaikjungfer** *(Aeshna juncea)*, dessen Körperfärbung noch nicht vollständig entwickelt ist. In Hessen kommt diese seltene Art vorwiegend in der nördlichen Landeshälfte vor, wo sie mit Vorliebe saure Gewässer und Moore besiedelt. Sowohl die hessische, als auch die Rote Liste Deutschland der Libellen bezeichnet diese schön gefärbte und recht große Art als *gefährdet* (FEISEL).

Die **Zweigestreifte Quelljungfer** *(Cordulegaster boltonii)* besiedelt vor allem flachgründige Bäche mit einer guten Wasserqualität, möglichst in der Nähe von Waldgebieten. Die Weibchen dieser Art erreichen eine Körperlänge von bis zu 85 mm und sind somit unsere größten heimischen Libellen. Die Rote Liste Deutschland führt sie als *gefährdete* Art (Feisel).

Neben vielen anderen seltenen Arten kommt im Burgwald die in Hessen nur noch an 4 bis 5 Standorten vertretene **Große Moosjungfer** *(Leucorrhinia pectoralis)* vor. Sie gehört zu den im Anhang II der FFH-Richtlinie aufgeführten besonders schützenswerten Arten. Sie braucht besonnte, nicht trockenfallende Moorgewässer für die Entwicklung ihrer Larven und für die Imagines, Jagdhabitate ohne starke Konkurrenz anderer Großlibellen. So ist sie zwar leicht von anderen Moosjungfern unterscheidbar, durch ihre Lebensweise aber eher schwierig nachzuweisen. Rote Liste Hessen *vom Aussterben bedroht*, Rote Liste Deutschland *stark gefährdet* (Feisel).

Der **Gewöhnliche Sumpf-Bärlapp** oder **Moorbärlapp** *(Lycopodiella inundata)* ist im Burgwald nur an wenigen Standorten vertreten und wird in der RL Hessen als *stark gefährdet* eingestuft.

Hier hat sich die Natur verzählt, denn die Blüte des **Siebensterns** *(Trientalis europaea)* hat gewöhnlich sieben Blätter. Die Pflanze wächst in feuchten moosreichen Gebieten mit einem sehr geringen Kalkgehalt. In Teilen von Hessen ist der Siebenstern ausgestorben, während er im Burgwald an mehreren Stellen vorkommt.

Diese winzigen aber interessant aussehenden Flechten gehören zu den **Rotfrüchtigen Cladonia-Flechten**. Von diesen gibt es einige Unterarten, deren Bestimmung nur Spezialisten gelingt.

Ein Sonnenstrahl trifft auf die bereiften Moospolster im westlichen Teil der *Franzosenwiesen*.

Das sind die schönen Früchte der Moosbeere, die in der botanischen Literatur (wahrscheinlich) noch nicht beschrieben und damit auch noch nicht bestimmt worden ist.

Der erste Reif im Herbst auf den Parzellen der *Franzosenwiesen*, die ihren Namen durch die Nutzung der Hugenotten und Waldenser bekamen. Die bläuliche Farbe entsteht durch die Reflexion des blauen Himmels, während die sonnenbestrahlten Flächen schon angetaut sind.

Im Naturschutzgebiet *Nebeler Hintersprung* konnte durch den Naturschutz eine Wiedervernässung durchgeführt werden, um die Moorentwicklung zu unterstützen.

Ein schmaler Sonnenstreifen beleuchtet das Moor am Teich im Naturschutzgebiet *Christenberger Talgrund*.

Die **Waldeidechse** (Zootoca vivipara) oder **Mooreidechse** wurde 2006 zum Reptil des Jahres gekürt. Ihr Lebensraum sind Moore, Heiden, Grasfluren und Sandgruben.

Im Kapitel MOOR darf die sehr seltene **Gerandete Jagdspinne** (Dolomedes fimbriatus) nicht fehlen, da sie bevorzugt in Gewässernähe lebt. Sie kann sich dank ihrer dichten Behaarung auf dem Wasser bewegen und sogar bei Gefahr untertauchen. Ihre bevorzugte Nahrung besteht aus Insekten, Kaulquappen und kleinen Fischen, die sie mit schnellen Bewegungen greift, durch einen Giftbiss in wenigen Sekunden tötet und in einem mehrstündigen Akt verflüssigt und aufsaugt. Nur in dieser Zeit kann das Männchen den Paarungsakt vollziehen, sonst wird es selber zur Beute.

WASSER

Die Grundlage allen Lebens ist Wasser. Dieses existiert im Burgwald in vielfältiger Form und mit vielen Besonderheiten, die für eine besondere einzigartige Pflanzen- und Tierwelt verantwortlich sind.

Der zentrale Burgwald im Bereich der *Franzosenwiesen* erhält im Regenschatten des Rothaargebirges nur geringe Niederschlagsmengen unter 600 mm jährlich. Niederschläge versickern im durchlässigen Buntsandstein schnell. In Mulden und Talsenken lagerte sich Lößlehm ab; so entstanden wasserundurchlässige Schichten, die zu einer Vermoorung der Talgründe führten.

Außer wenigen Moorschlenken befanden sich ursprünglich keine stehenden Gewässer im Burgwald. Inzwischen gibt es Teiche und Tümpel, die früher durch die Forstwirtschaft als Feuerlöschteiche in vielen Tälern des Burgwaldes angelegt worden sind. Waldteiche konnten sich aufgrund ihrer Nichtnutzung als nährstoffarme und kalkarme Gewässer, auch bedingt durch die Klimabesonderheiten des Burgwaldes, zu einzigartigen Biotopen entwickeln. Viele seltene und gefährdete Pflanzenarten, wie der sehr seltene *Wasserschlauch*, haben hier geeignete Wachstumsbedingungen. An Tieren finden sich hier neben verschiedenen Amphibien- und Insektenarten auch einige sehr seltene Libellenarten, wie z. B. die *Große Moosjungfer* (aktuell sind in Hessen nur noch vier bis fünf Vorkommen nachgewiesen worden), die *Kleine Moosjungfer*, die *Arktische Smaragdlibelle* und die *Schwarze Heidelibelle*, die auch auf nährstoffarme, saubere Gewässer mit einer entsprechenden Vegetation im Wasser und an den Verlandungszonen des Ufers angewiesen sind.

Auch für einige in ihrem Bestand bedrohte Vogelarten bieten diese Waldteiche noch ausreichend Nahrungs- und Brutmöglichkeiten. So zählt der in Hessen als selten geltende *Zwergtaucher* zu den regelmäßig an den Burgwaldgewässern anzutreffenden Brutvögeln.

Diese Entwicklung wird durch eine Wiedervernässung der in früherer Zeit drainierten Talgründe und die Anlage weiterer Teiche und Tümpel gefördert.

Im Burgwald gibt es drei Quelltypen: Innerhalb der Waldflächen sind es zahlreiche *Sickerquellen*, aus denen das im Burgwald versickerte Wasser flächig wieder zu Tage tritt. Sie besitzen häufig Austritte an mehreren Stellen, die über eine Quellflur verteilt sind, und eine größere Fläche durchnässen; sie leiten zu Quellsümpfen, Mooren und auch zu Bächen, wie der Wetschaft, über.

Am Rande der Buntsandsteinplatte, die den Untergrund des Burgwaldes bildet, gibt es *Sturzquellen* mit einem punktuellen Grundwasseraustritt. Sie sind in der Regel ergiebiger als Sickerquellen und deshalb häufig als Trinkwasserquellen genutzt und damit gefasst oder überbaut worden; sie sind in der Regel nicht mehr in ihrem natürlichen Zustand, wie z. B. die Sofaquelle (s. GPS-Daten!). Ebenfalls am Rande der Buntsandsteinplatte gibt es ergiebige *Tümpelquellen*, wie z.B. den Drusenborn bei Bracht. Der Grundwasseraustritt erfolgt hier von unten in einen Quelltümpel, der in der Regel sehr klar ist. Das Wasser aus dem Überlauf fließt oft als Bach weiter (Quelltypenatlas 7 - 10).

Die Oberläufe der Bäche im Burgwald sind in der Regel noch sehr naturnahe Gewässer; sie haben insbesondere im Wald eine hohe Gewässergüte, da es dort keine Siedlungen, Verkehrswege und auch keine intensive Landwirtschaft gibt. Deshalb bieten diese Oberläufe mit ihrem sehr nährstoffarmen, sauberen Wasser vielen seltenen und gefährdeten Arten geeignete Lebensbedingungen. Diese sind z. B. *Bachforelle* und *Bachneunauge*, *Feuersalamander*, zahlreiche *Stein- und Köcherfliegen*, verschiedene Libellenarten oder auch *Wasseramsel*, *Eisvogel* und *Gebirgsstelze*. Die kleinen Bäche des Burgwaldes fließen zu einigen größeren zusammen, durch die der Burgwald entwässert wird. Das sind die *Wetschaft* im Westen, das *Rote Wasser* im Süden, *Bentreff* und *Wohra* im Osten sowie die *Nemphe* im Norden. Das Wasser der Nemphe gelangt über Eder und Fulda in die Weser, während alle anderen Bäche über die Lahn in den Rhein fließen. Damit besteht im Burgwald eine Wasserscheide 1. Ordnung (PB, HGON &AgRdB).

Auch außerhalb des Waldes ist besonders die Wetschaft, als der den Burgwald am stärksten entwässernden Bach, in ihrer ökologisch sehr wertvollen Aue in einem natürlichen Zustand; sie ist bis heute nicht ausgebaut und mäandriert durch vorwiegend extensiv genutzte Wiesen.

Leider ist diese Aue durch geänderte und intensiver werdende landwirtschaftliche Nutzung stark gefährdet. Nach Umstrukturierung in der Landwirtschaft wird z. B. weniger Heu und Grummet eingebracht, stattdessen wird früher gemäht, um Silage zu erhalten. Dadurch, dass viele Kräuter und Gräser bei den heutigen Mähgewohnheiten nicht mehr zur Samenreife kommen, nimmt die Artenvielfalt ab.

Das **Rote Wasser** entwässert die *Franzosenwiesen* und hat seinen Namen von den roten Huminstoffen im Wasser. Ein großer Teil des Baches fließt durch Naturschutzgebiete.

Libellen im Flug zu fotografieren ist ein mühsames Unterfangen.
Oben fliegt das Männchen der **Hufeisen-Azurjungfer** *(Coenagrion puella)* während unten das Männchen der **Blaugrünen Mosaikjungfer** *(Aeshna cyanea)* zu sehen ist.

In Wohngebieten ein ungeliebter Gast: ein **Grünfrosch**.
„Lange Zeit standen die Forscher bei den Grünfröschen vor einem Rätsel. Unter der Bezeichnung Grünfrosch werden der **Seefrosch** *(Rana ridibunda)* und der **Kleine Wasserfrosch** *(Rana lessonae)* zusammengefaßt. Beide Arten kreuzen sich in der freien Natur oft zum **Teichfrosch** *(Rana esculenta)*, dem Dritten im Grünfroschbund. Letztere Bastardform war Gegenstand eines langen Meinungsstreites. Da die Kreuzung nach einem Schema erfolgt, das völlig den Mendelschen Gesetzen widerspricht, wurde der Teichfrosch mal für eine eigene Art gehalten und mal wieder nicht. Inzwischen ist nachgewiesen worden, daß die Bastardform über einen besonderen Chromosomensatz verfügt, der die eigenartige Erbfolgen erlaubt. Daher gilt der Teichfrosch heute als Kreuzung und nicht als eigene Art.
Von anderen Arten sind sie durch die kräftig grüne Farbe und die großen Schwimmhäute gut unterscheidbar. Sie verbringen die ganze Saison am Wasser. Von Mai bis Juni verursachen die Grünfrösche das typische Froschkonzert mit lautem Quaken." MÜLLER
Die Lautstärke des Quakens wird durch Verstärkung in den Schallblasen als Resonanzkörper erzeugt.

Probleme des Naturschutzes: Die **Bisamratte** *(Ondatra zibethicus)* frisst liebend gern die Unterwassertriebe des Wollgrases, eines der Highlights des Burgwaldes. Diese werden wie Spargel geschält und gefressen. Abschießen will und darf keiner, Umsiedeln ist nur durch einen staatlich geprüften Bisambeauftragten erlaubt.

Das **Schmalblättrige Wollgras** *(Eriophorum angustifolium)* bedeckt einen großen Teil des Moores am Teich im Naturschutzgebiet *Christenberger Talgrund.*

Im Teich am Naturschutzgebiet *Franzosenwiesen* wächst das **Schmalblättrige Wollgras** *(Eriophorum angustifolium)*.

Im Naturschutzgebiet **Langer Grund** (Schönstadt) hat sich auf einem Teich eine Insel gebildet. Diese sollte man nicht betreten, denn sie ist nicht tragfähig. Dieser **Schwingrasen** hat sich aus Torfmosen, Gräsern und anderen Planzen gebildet, die an nährstoffarme saure Gewässer angepasst sind. Dieser Lebensraum ist für viele Tiere wichtig, deshalb ist der Schwingrasen nach einer Flora-Fauna-Habitat-Richtlinie geschützt.

Aus heutiger Sicht sollte eine Moorfläche auf keinen Fall entwässert werden, da sie ein ökologisch wertvolles Gebiet ist. Dieser Entwässerungsgraben drainiert die sogenannte „Fichtenhölle", die im Kapitel NATURSCHUTZ beschrieben ist. Das Wasser dieses Grabens wird im weiteren Verlauf angestaut, um eine Wiedervernässung und damit eine neue Vermoorung in Gang zu setzen.

Nicht zu Unrecht bekam der See mit dem dunklem Wasser den Namen „Schwarzer See". Hier spiegelt sich die Natur in dem Wasser besonders gut, da es in seiner Tallage kaum Himmelslicht reflektieren kann.

Nur bei sonnigem Wetter paart sich die **Frühe Adonislibelle** *(Pyrrhosoma nymphula)*. Der deutsche Name leitet sich ab von dem frühen Auftreten der Art und der Färbung, die dem rotblühenden Adonisröschen ähnelt. Sie ist sehr häufig, wird aber leicht übersehen, da sie recht klein ist und sich gern in der Vegetation aufhält. Wie alle Libellen steht sie unter Naturschutz.

Das Männchen der **Blaugrünen Mosaikjungfer** (Aeshna cyanea) im Flug.

Der *Arbeitskreis Libellen in Hessen* berichtet von einem hessenweit dramatischen Rückgang der Bestände der **Schwarzen Heidelibelle** (Sympetrum danae), so dass die Art inzwischen aus vielen Teilen Hessens verschwunden ist. Die RL Hessen verzeichnet sie noch in der Vorwarnliste als *potentiell gefährdet*. Im Burgwald findet sie noch immer optimale Lebensräume und ist hier weit verbreitet und nicht selten. Man kann sie auch als eine Charakter-Art des Burgwaldes ansehen (Feisel).

Hier ruht das Weibchen der **Gebänderten Prachtlibelle** (Calopteryx splendens). Sie ist lange nicht so auffallend, wie das dunkel-blaugrün schillernde Männchen im Kapitel WIESE SUMPF MOOR.

Auf jedem der vier Flügel der Libelle befindet sich ein markanter Fleck, der zu ihrem Namen geführt hat: **Vierfleck-Libelle** (Libellula quadrimakulata). Sie zählt zu den Großlibellen und ist ein häufiger Bewohner von Mooren und Sümpfen; bis über den Polarkreis hinaus konnte sie schon beobachtet werden.

Im Frühsommer bildet sich auf vielen Teichen, hier im Naturschutzgebiet *Nemphetal*, ein gelbes Blütenmeer mit tulpenähnlichen Blüten. Es ist der **Gewöhnliche Wasserschlauch** *(Utricularia vulgaris)*, der zu den fleischfressenden Pflanzen zählt. Hier werden die Insekten weder von den Blättern noch von den Blüten gefangen und verdaut, sondern von den unter Wasser liegenden Fangblasen. Diese wirken nach dem Saugfallenprinzip, bei dem ein Unterdruck die im Wasser schwimmende Beute ansaugt. Die Fangblase besitzt kleine Borsten an dem sie verschließenden Deckel, die im Moment der Berührung durch Beutetiere als mechanischer Hebel den Deckel öffnen und durch Aufblähen der Fangblase einen Unterdruck bewirken. Die Dauer der Öffnung der Klappe ist mit weniger als zwei Millisekunden die schnellste jemals gemessene Bewegung im Pflanzenreich. Nach dem Ansaugvorgang wird der Deckel wieder verschlossen und das

Beutetier verdaut. Während dieses Vorgangs wird das Wasser in der Fangblase wieder abgepumpt. Die kleinen Beutetiere wie Wasserflöhe, Rädertierchen, Fadenwürmer etc. sind schon nach fünfzehn Minuten verdaut und die Falle kann wieder zuschnappen. Falls doch größere Beutetiere wie kleine Kaulquappen oder Stechmückenlarven gefangen werden, sterben die Fangblasen nach dem Verdauungsprozess ab. Die Tatsache, dass Stechmückenlaven vom Wasserschlauch gefangen werden, hat dazu geführt, dass Versuche biologischer Bekämpfung von für den Menschen unangenehmen Stechmückenplagen durchgeführt wurden. Leider kann der Wasserschlauch nicht für die Gattung der Stechmückenlarven eingesetzt werden.

Viele der Sturzquellen des Burgwaldes sind für den Gebrauch eingefasst, wie hier die **Sofaquelle**.

Kommt der durstige Wanderer an diese Quelle, wird er mit einem Metallbecher eingeladen, daraus zu trinken. Gleichzeitig kann er sich an einer Tafel informieren: „Der **Drusenborn** ist eine der ergiebigsten Tümpelquellen der Region. Druse ist die germanische Bezeichnung für eine moorige, schwammige Stelle. Aus dem Quelltopf wird Sand aus dem Inneren der Erde hochgewirbelt. Noch heute wird dem Wasser eine heilende, infektionshemmende Wirkung nachgesagt. Vorchristliche Frühlings- und Fruchtbarkeitsbräuche wurden an der Quelle durchgeführt. Zwischen dem 8. und 14. Jahrhundert lag unmittelbar an der Quelle der ideal versteckte Siedlungsplatz zweier Höfe der Siedlung Altenbracht."

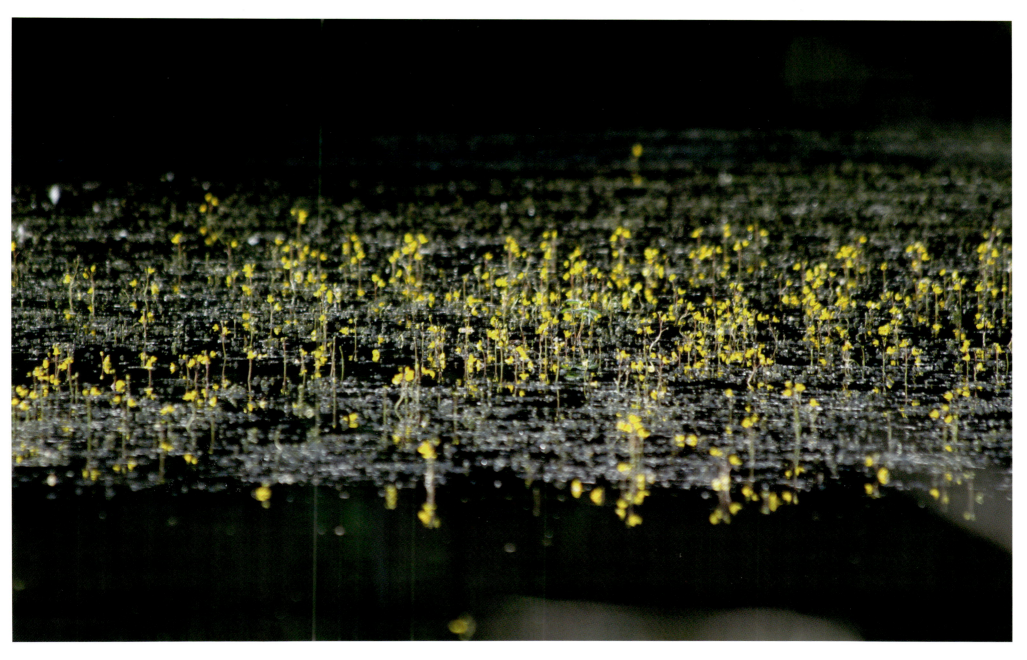

Der **Gewöhnliche Wasserschlauch** (Utricularia vulgaris) mit seinen gelben Blüten bildet einen schönen Kontrast zu dem dunklen Wasser der Teiche am Naturschutzgebiet Nemphetal. Hier brüten der Zwergtaucher und Blesshühner. Es ist nicht leicht, den Zwergtaucher zu erblicken, denn er ist sehr scheu. Viel eher hört man seine zwitschernden Rufe während der Brutzeit.

Zum Vogel des Jahres 2009 wurde der **Eisvogel** *(Alcedo atthis)* bestimmt. Er lebt an mäßig fließenden Bächen oder stehenden klaren Gewässern. Er ernährt sich von kleinen Fischen, Wasserinsekten und Larven. Eine wichtige Voraussetzung für die von ihm angewendete Jagdtechnik sind Sitzwarten, von denen er seine Beute im Stoßtauchen erbeutet. Zurück auf der Sitzwarte werden kleinere Tiere verschluckt, größere Fische dort tot geschüttelt oder auf dem Ast totgeschlagen. Anschließend muss der Fisch so gewendet werden, dass er mit dem Kopf voran verschluckt werden kann.

Die Wetschaft als schnellfließendes von Bäumen und Sträuchern umrahmtes Gewässer ist das ideale Brutgebiet der **Gebirgsstelze** *(Motacilla cinerea)*. Sie ernährt sich von Insekten und deren Larven.

Der sehr scheue **Zwergtaucher** *(Tachybaptus ruficollis)* ist nur sehr selten vor die Linse zu bekommen, um ein vernünftiges Foto machen zu können, es sei denn, man verletzt die Grundregeln des Naturschutzes, was hier nicht geschehen ist. Mehr als 25 Stunden Ansitzzeit in einem Tarnzelt und 900 mm Brennweite waren für dieses Foto nötig.

Eine **Brautente** *(Aix sponsa)* auf der Wetschaft. Eigentlich ist ihr natürliches Verbreitungsgebiet Nordamerika, wo sie zu den häufigsten Enten zählt. Sie brütet in verlassenen Nisthöhlen von Spechten und ist an das Leben im Wald angepasst. Als geschickter Flieger kann sie auch in dichten Baumbeständen manövrieren. Die Küken springen wenige Stunden nach dem Schlüpfen mehrere Meter auf den Erdboden herab, um dem weiblichen Elternvogel zum nächsten Gewässer zu folgen. Die Enten werden oft als Ziergeflügel gehalten, weshalb sie dann auch verwildert vorkommen. Die Männchen haben ein auffälliges und farbenprächtiges Brautkleid. Auffällig sind die großen Augen, die zu den größten aller Wasservogelarten gehören. Neben der üblichen Nahrung von Enten können sie auch in nahen Waldgebieten nach Eicheln, Bucheckern und anderen Samen suchen (Wikipedia: Brautente, Stand 06.09.2011).

Äußerst geschickt sucht die **Gebirgsstelze** an dem strudelnden Wasser der Wetschaft nach Futter.

Eine **Bachstelze** *(Motacilla alba)* im Mangrovenwald? Nein, es ist das ausgewaschene Bachbett der Wetschaft.

Wasseramseln *(Cinclus cinclus)* leben an schnell fließenden, sauerstoffreichen Gewässern. Wer schon einmal eine Wasseramsel bei der Futtersuche beobachtet hat, kommt aus dem Staunen nicht heraus. Sie stürzt sich kopfüber in das strudelnde Wasser und kommt an ganz anderer Stelle einige Meter weiter wieder heraus, um sofort wieder abzutauchen, dann schwimmend eine Strecke zurückzulegen, einen Stein zu erklimmen, den Kopf wieder ins Wasser zu tauchen, bis sie sich dann für eine längere Zeit auf einer Warte ausruht. Die Tauchgänge dauern zwischen 5 und 10 Sekunden, manchmal auch deutlich länger, und werden meistens gegen die Strömung durchgeführt. Von dort aus taucht sie wieder ab, um „fliegend" den Grund nach Wasserinsekten abzusuchen. Hat man das Glück, die Wasseramsel in einem klaren, wenig strudeligen Wasser beobachten zu können, wundert man sich über deren Fortbewegung; es sieht aus, als würde sie im Wasser fliegen, denn sie nutzt ihre Flügel zur Fortbewegung. Unter Wasser können sie auch gegen die Strömung auf dem Grund laufend nach Futter suchen. Solange des Wasser im Winter nicht zugefroren ist, kann sie die Futtersuche auch während der kalten Jahreszeit durchführen.

NATURSCHUTZ

Mit jedem Gang in die Natur bekommt man mehr als man gesucht hat (unbekannter Autor).

Und selbst wenn wir nicht in die Natur gehen, stellt sie uns mehr zur Verfügung als wir oft ahnen. Die Natur produziert für uns nicht nur saubere Luft und sauberes Wasser, die für unser Überleben unverzichtbar sind, auch Lebensmittel, Baumaterial, Energie und lebensrettende Medikamente wären ohne die Natur undenkbar. Hinzu kommen „Dienstleistungen" wie Hochwasserschutz, Erholung, Einkommensquellen unterschiedlichster Art und Klimaregulation.

Noch dazu sind all diese Leistungen und natürlichen Ressourcen kostenlos und ein weit unterschätztes ökonomisches Kapital.

Schon vor vielen Jahrzehnten wurde das erkannt und eine Naturschutzbewegung hat sich gegründet, die viel erreicht hat, aber weltweit noch immer vor großen Herausforderungen steht, ähnlich wie die Friedensbewegung und die Weltwirtschaft.

Wie eng diese großen Herausforderungen der Menschheit miteinander verknüpft sind, zeigt die so genannte TEEB Studie aus dem Jahr 2007. Sie nennt Zahlen, die belegen, dass es weitaus günstiger ist, in den Schutz der Natur zu investieren, als für die entstandenen Schäden zu bezahlen. Zum Beispiel können mit der Investition von 45 Milliarden Dollar in Schutzgebiete lebenswichtige Dienstleistungen von jährlich 5000 Milliarden Dollar erzielt werden. Eine unglaubliche Summe, aber doch offensichtlich eine lohnenswerte Investition.

Auch der Burgwald hat ein großes ökologisches und ökonomisches Potential und der Naturschutz im Burgwald eine lange Tradition. Schon vor über vierzig Jahren hat man die Einzigartigkeit des Burgwaldes erkannt. Auslöser war eine bis dahin im Burgwald unbekannte Eule, der Raufußkauz, die das Herz von Wissenschaftlern und Hobbyornithologen höher schlagen ließ, und die gleichzeitig den Blick für die Besonderheiten des Burgwaldes schärfte.

Egal, zu welcher Jahreszeit man den Burgwald durchstreift, man ist beeindruckt von seiner Stille und Schönheit. Hier im größten, unzerschnittenen Waldgebiet Hessens begegnet der Naturfreund auf Schritt und Tritt vielen Kostbarkeiten. Seltene Tiere wie Raufußkauz, Schwarzstorch und Arktische Smaragdlibelle siedeln in seinen Wäldern, Wiesentälern und Mooren. Raritäten wie Bärlappe, Sonnentau und Sumpfschlangenwurz erfreuen die Herzen der Botaniker. Kein Wunder also, dass die Europäische Union große Teile des Burgwaldes als FFH (Fauna-Flora-Habitate)- und Vogelschutzgebiet ausgewiesen hat. Darin liegen zehn Naturschutzgebiete, zwei Naturwaldreservate und viele Naturdenkmäler.

Das besonders Schützenwerte und Interessante im Burgwald sind seine Moore. Sie bieten seltenen Pflanzen Lebensraum und sorgen durch die große Oberfläche der Moose für eine entsprechend große Verdunstung und damit eine hohe Verdunstungskälte. Bei einem Spaziergang an einem warmen Sommertag kann man spüren, dass hier die Luft kühler als in der Umgebung und angenehm frisch ist. Auch Raufußkauz und Arktische Smaragdlibelle lieben besonders die kühleren Bereiche des Burgwaldes. Zudem absorbieren die Moore vier Mal mehr des schädlichen Klimagases CO_2 als gleichgroße Waldflächen. Natürlich und wiederum völlig kostenlos. Wir können also sogar bei Vermeidung torfhaltiger Blumenerde etwas gegen den Klimawandel tun.

Das Renaturieren von trocken gefallenen Moorflächen ist unter anderem ein Anliegen der Aktionsgemeinschaft „Rettet den Burgwald" e.V. (www.ag-burgwald.de) Seit den 70er Jahren des 20. Jahrhunderts setzt sie sich zusammen mit der *Hessischen Gesellschaft für Ornithologie und Naturschutz* (HGON) für den Erhalt und die Förderung des Burgwaldes ein. Auch Hessenforst hat seit langen Jahren die Vorteile der naturgemäßen Waldwirtschaft und den Schutz der Natur für sich entdeckt.

Dabei ist viel erreicht worden, und der Burgwald ist als großes zusammen hängendes Waldgebiet erhalten geblieben. Fast jedes Jahr werden neue Arten entdeckt oder neu bestimmt oder Arten, die lange als verschollen galten, kehren zurück. Für weitere Informationen www.ag-burgwald.de

Naturschutz, also die Natur zu schützen und die Vielfalt an Pflanzen und Tierarten zu wahren und zu fördern, macht also Sinn und sollte jedem Menschen ein Anliegen schon aus Eigennutz sein, in den großen Weltökosystemen genauso wie hier bei uns im Burgwald.

Wenn wir es recht bedenken, ist in der wahren Natur der Dinge, jeder grüne Zweig weit prächtiger und wertvoller als wäre er aus Gold und Silber
MARTIN LUTHER KING.

Dr. Anne Archinal

Im Naturschutzgebiet *Christenberger Talgrund* liegen im Zentrum des Haupttales zwei Privatparzellen. Eine davon wurde vor ca. 55 Jahren drainiert und mit Fichten bepflanzt. Aufgrund des nährstoffarmen ca. 80 cm hohen Torfmoosgrundes konnten sich die Fichten nicht normal entwickeln, denn der Mineralboden ist für die flachwurzelnden Bäume nicht erreichbar. Wie man sehen kann, haben sie dadurch auch keinen festen Stand. Aus Sicht des Naturschutzes ist die Drainierung und Bepflanzung eines intakten Moores genau das Gegenteil von dem, was heute als richtig angesehen wird. Dieser Teil sollte deshalb schon erhalten bleiben, um zu zeigen, wie man noch vor kurzer Zeit mit wertvollem Moorboden umgegangen ist. Die interne Bezeichnung dieses Bereiches ist „*Fichtenhölle*".

Dieser Graben wurde zur Drainierung angelegt und nicht weiter gepflegt. Er wächst aber nur deshalb nicht zu, da er in Talrichtung angelegt wurde und sich dadurch in Zeiten starker Wasserführung vertieft.

Hier ist deutlich zu sehen, dass der Untergrund aus Torf besteht. Darin kann sich kein Baum stabil halten, schon gar nicht die flachwurzelnden Fichten.

Auf dieser Luftaufnahme der **Franzosenwiesen** ist die Parzellierung gut zu erkennen, die von den Hugenotten stammt. Ihnen wurde im 18. Jahrhundert diese Moorfläche zur Nutzung als Heuwiese zugesprochen, dieses war nur durch Drainierung der nassen Flächen möglich.

Die Grundstücke wurden im 20. Jahrhundert z. T. an den preußischen Fiskus verkauft, der sie teilweise mit Nadelbäumen aufforstete. Heute sind noch ca. 20 Grundstücke in Privatbesitz.

Um die wertvollen Moorflächen zu renaturieren, ist es notwendig, die Entwässerungsgräben zu schließen und den Fichtenbestand zu entfernen. Dieses scheitert aber leider an den Besitzern dieser Grundstücke, die diese nicht verkaufen wollen. Mit dem Besitz der Flächen ist auch eine Fahrgenehmigung verbunden. Einige der Wiesen werden extensiv genutzt.

Es sieht unspektakulär aus, die Hochmoorfläche im nördlichen Teil des Naturschutzgebiets *Franzosenwiesen*. Die Torfdecke ist im Schnitt 1,5 m mächtig (PB 27). Hier hat sich ein Torfmoos-Wollgras-Kiefern-Moorwald entwickelt. Hoch- und Zwischenmoore sind extrem gefährdet. Nur 1 % der vorhandenen Moore Mitteleuropas wachsen noch und von diesem Teil sind über 80 % hoch eutrophiert (nährstoffbelastet) (HGON &AgRdB 92). In Hessen gibt es nur zwei Standorte von Hochmooren, die sich dadurch auszeichnen, dass sie ausschließlich durch Regenwasser gespeist werden. Der andere Standort ist die Rhön, in der das *Rote* und das *Schwarze Moor* liegen (HGON &AgRdB 93/176). Ein großer Teil der *Franzosenwiesen* ist von den Hugenotten trockengelegt worden, um dort Weideland bzw. Mähgut zu erhalten. Später wurden Fichten angepflanzt.

Dieser Teich, der auch auf der Luftaufnahme der *Franzosenwiesen* oben rechts zu sehen ist, ist von Naturschützern vor einigen Jahren neu angelegt worden.

Naturschützer der Aktionsgemeinschaft „Rettet den Burgwald" e. V. beim Entbuschen einer Feuchtwiese.

Ein frei mäandrierender Bach, wie die Wetschaft hier auf dem Foto zwischen Göttingen und Niederwetter, hat in Deutschland inzwischen Seltenheitswert. Die nebenan verlaufende Bundesstraße B 252 ist seit Jahrzehnten ein Dorn im Auge der Bewohner der sie durchschneidenden Dörfer. Seit langem wird eine Umgehungsstraße gefordert, deren Verlauf heftig diskutiert wird; denn eine Variante führt durch dieses noch relativ naturbelassene Kleinod.

Der mehrjährige, immergrüne **Sprossende Bärlapp** (*Lycopodium annotinum*), auch **Wald-Bärlapp** oder **Schlangen-Bärlapp** genannt, wächst an einem Waldweg in der Nähe von Roda. Es ist ein Areal von ca. 150 m² und bedarf trotz dieser Größe der Aufsicht durch den Naturschutz. Denn diese Pflanze ist nach BArtSchV besonders geschützt.

BILDNACHWEIS

Die Koordinaten der geschützten Pflanzen sind hier aus verständlichen Gründen nicht veröffentlicht. Sie können für wissenschaftliche Zwecke (Nachweis notwendig!) vom Autor bezogen werden.

Die topographische Karte im Kapitel GEOLOGIE & KLIMA ist mit Genehmigung des Hessischen Landesamtes für Bodenmanagement und Geoinformation veröffentlicht.

Bild Seite	Fotograf	Datum	UTM-Koordinaten WGS 84 Ostwert/ Rechtsw.	Zone 32-Nord Nordwert / Hochwert
4,30,31,	Günther Wilmink	02.05.2010	0487287	5643534
8	Günther Wilmink	26.04.2010	0484088	5638158
9	Günther Wilmink	05.05.2010	0486190	5643743
26r	Günther Wilmink	30.06.2010	0480795	5644940
36 l	Günther Wilmink	13.10.2010	0483932	5645352
36 m	Günther Wilmink	30.06.2010	0494129	5646545
36 r	Günther Wilmink	30.06.2010	0491488	5650122
37	Günther Wilmink	30.09.2010	0488271	5639008
40	Günther Wilmink	28.09.2010	0484295	5651262
41 l	Günther Wilmink	05.07.2010	0481798	5651076
41 r	Günther Wilmink	05.07.2010	0483681	5651363
58 r	Günther Wilmink	30.04.2010	0482444	5645237
68	Günther Wilmink	02.03.2011	0485724	5643719
70	Günther Wilmink			
90 o	Lothar Feisel	13.06.2011		
90 u	Lothar Feisel	30.05.2011		
91	Lothar Feisel	10.08.2011		
94 l	Lothar Feisel	27.07.2011		
94 r	Lothar Feisel	03.09.2011		
98 r	Lothar Feisel			
99 l	Lothar Feisel			
99 r	v. Blanckenhagen			
106	Günther Wilmink	09.10.2010	0482948	5644350

Bild Seite	Fotograf	Datum	Ostwert	Hochwert
113	Günther Wilmink	13.06.2010	0486190	5643566
114	Günther Wilmink	22.06.2010	0485008	5642237
117u l	Lothar Feisel			
120 l	Günther Wilmink	30.04.2010	0484026	5643600
122 l	H.-Jörg Hellwig			
128/9	Günther Wilmink	28.04.2010	0482594	5644365
132	Günther Wilmink	16.08.2011	0486684	5643398
135 o,u	Günther Wilmink	01.11.2010	0484918	5646159

ZU DEN FOTOS

Alle Fotos sind mit einer digitalen CANON-Spiegelreflex-Kamera aus dem aktuellen zwei- und dreistelligen Bereich der Jahre 2009 bis 2011 erstellt worden. Sie sind ausschließlich im RAW-Modus aufgenommen worden. Die RAW-Fotos wurden mit ADOBE LIGHTROOM entwickelt. Es sind garantiert keine Änderungen mit PHOTOSHOP durchgeführt worden. Die einzige Ausnahme einer PHOTOSHOP-Bearbeitung besteht darin, mehrere Fotos zu einem stack-shot zu kombinieren. Beim stack-shot werden Fotos unterschiedlicher Schärfebereiche zu einem dann scharfen Foto zusammengesetzt. Die einzigen Manipulationen hinsichtlich echter Naturfotografie sind Freipräparationen einzelner Pflanzen von verdorrten Gräsern und ähnlichen Dingen, um die Pflanzen in ihrer ganzen Schönheit fotografieren zu können.

Die verwendeten Objektive sind ein TOKINA 12-24 mm, SIGMA 18-125 mm, CANON 70-300 mm, CANON Makro 100 mm, CANON 300 mm, CANON 100-400 mm und 1,4x Konverter. Kaum ein Bild ist ohne ein stabiles Stativ mit einem Getriebeneiger entstanden. Für die Vogelfotografie mit Teleobjektiven ist eine kardanische Aufhängung auf einem Stativ verwendet worden, während die Makrofotos mit einem Makro-Kreuz-Schlitten auf einem Stativ zustande gekommen sind. Um Aufhellungen durchzuführen, sind mehrere Blitzgeräte zum Einsatz gekommen, die durch Funkauslöser mit der Kamera synchronisiert wurden. Für die Vogelfotografie wurde ein Tarnzelt benutzt, um die Tiere nicht zu stören. Das erste halbe Jahr wurde die Ausrüstung mit einem Mountainbike transportiert. Danach konnte dank einer Fahrgenehmigung das Auto benutzt werden.

DANKE

Das Buch „Faszination Burgwald" hätte in dieser Form nicht erscheinen können, wenn ich nicht Unterstützung durch viele Personen, die diese Faszination ebenso empfinden, erhalten hätte.

Diese Unterstützung wurde mir gewährt durch die Mitteilung von Funddaten, fachlichen Hinweisen, die kritische Durchsicht des Manuskriptes oder durch z. T. sehr lange schöne gemeinsame Exkursionen und Ansitze und nicht zuletzt durch eine Fahrgenehmigung durch den Burgwald mit meinem Auto, die Aufgaben waren zu Fuß oder mit dem Mountainbike mit ständig erweiterter Fotoausrüstung nicht mehr zu bewältigen. Außerdem wurden mir verschiedene Publikationen zum Burgwald zur Verfügung gestellt, durch die ich Einblicke über den Burgwald und die Arbeit im Burgwald erhalten habe - erfolgte diese beruflich – ehrenamtlich – als Hobby.

Dafür danke ich

Dr. Anne Archinal,
Lothar Feisel,
Hans-Jörg Hellwig,

und besonders *Helmut Jesberg*, der mir unter großem Zeitaufwand die Standorte der besonderen Pflanzen gezeigt hat. Alles Mitglieder und *Dr. Anne Archinal, Lothar Feisel* im Vorstand der *Aktionsgemeinschaft „Rettet den Burgwald" e. V.*
Ohne *Michael Hoffmann* als Mitarbeiter vom Hessenforst hätte ich kein Foto vom Schwarzspecht und von der Hohltaube machen können.
Zu Dank bin ich auch *Peter Noell* verpflichtet, der mir beim (leider vergeblichen) Ansitz auf Rotwild beigestanden und wertvolle Tipps gegeben hat.
Ebenso danke ich den Revierleitern *Ralf Küch* und *Armin Wack*
und dem Stellvertretenden Forstamtsleiter *Arno Süßmann* vom Hessen-Forst für ihre Unterstützung.
Ich danke *Lothar Feisel, Hans-Jörg Hellwig* und *Benno von Blanckenhagen* für die kostenlose Überlassung von Fotos,
und *Dr. Gerhard Guthörlein* für die Bestimmung der Pilze.
Lothar Feisel danke ich nochmal besonders für die Durchsicht des Manuskripts, da er einige Tier- und Pflanzenbestimmungen und sonstige Fehler korrigiert hat.
Außerdem danke ich Herrn *Klaus Laaser*, dem erfahrenen Marburg-Fotografen und Verleger vieler Bildbände, von dem ich wertvolle Tipps zur Erstellung, Herausgabe und zum Verlag erhalten habe.
Ich danke auch allen Freunden und Bekannten, die sich die Mühe gemacht haben, Fotos durchzusehen und zu bewerten, deren Namen ich hier nicht alle einzeln aufführen kann.

Zuletzt danke ich meiner Frau *Annette Schmidt*, die mich im Burgwald bei meinen Exkursionen häufig begleitet hat. Außerdem unterstütze sie mich bei der Erstellung der Texte.

LITERATUR

Hessisches Ministerium des Innern und für Landwirtschaft, Forsten und Naturschutz (HMILFN) (Hrsg.) – Mitteilungen der Hessischen Landesforstverwaltung, Band 30: Pilotprojekt Burgwald (PB) (1996): 9

Hessisches Ministerium für Umwelt, Energie, Landwirtschaft und Verbraucherschutz (HMUELV) (Hrsg.) Natura 2000 praktisch in Hessen – Artenschutz in Wald und Flur, 2. Aufl. 2009

Hessisches Ministerium für Umwelt, Energie, Landwirtschaft und Verbraucherschutz (HMUELV) (Hrsg.) Natura 2000 praktisch in Hessen – Artenschutz in und an Gewässern, 2. Aufl. 2009

Hessische Gesellschaft für Ornithologie und Naturschutz e.V. & Aktionsgemeinschaft „Rettet den Burgwald" e. V. (Hrsg.) (HGON & AgRdB): Naturschutz- und Entwicklungskonzeption Burgwald, zusammengestellt und bearbeitet von Ursula Mothes-Wagner, Wohratal 1996.

Karl Jung, Heiner Salz, Steinmale im Burgwald. Burgwald-Verlag, Cölbe-Schönstadt 2003.

Nordhessische Gesellschaft für Naturkunde und Naturwissenschaften e. V. (NGNN) (Hrsg.): Naturschutzgebiete in Hesse schützen – erleben – pflegen, Band 5, Landkreis Marburg-Biedenkopf, Lahn-Dill-Kreis, Landkreis Gießen von Sieglinde & Lothar Nitsche et. al., cognito Kommunikation & Planung, Niedenstein 2009.

Marco Klüber, Orchideen in der Rhön, edition alpha, 2009

NABU, Naturschutzgebiet Nemphetal bei Bottendorf, URL: http://www.nabu-waldeck-frankenberg.de/NSG/Nemphetal

NABU, Naturschutzgebiet Diebskeller/Landgrafenborn, URL: http://www.nabu-waldeck-frankenberg.de/NSG/Diebskeller

Homepage der Aktionsgemeinschaft „Rettet den Burgwald" e. V., Texte Lothar Feisel et. al. http://www.ag-burgwald.de (Stand 8.8.2011)

Region Burgwald-Ederbergland e.V. (Hrsg.), Regionales Entwicklungskonzept (REK) Burgwald-Ederbergland 2007-2013, Burgwald 2007,
URL.: http://www.region-burgwald-ederbergland.de/downloads/rek-endfassung-18-10-07-umw-3.pdf (Stand: 2007)

Region Burgwald-Ederbergland e.V. (Hrsg.), Naturschätze Region Burgwald-Ederbergland

Region Burgwald-Ederbergland e.V. (Hrsg.), Premiumwanderwege Burgwald-Ederbergland

Region Burgwald-Ederbergland e.V. (Hrsg.), Der Burgwald – ein Wandermärchen

- B Traumroute Burgwaldpfad
- C Extratour Christenberg
- E Eibenhardtpfad
- F Franzosenwiesen
- G Galgenberg
- H Himmelsberg
- J Junkernpfad
- R Rotes Wasser
- S Stirnhelle

Hessen-Forst (Hrsg.):

http://www.hessen-forst.de/produkte/artenschutz.htm

http://www.hessen-forst.de/service/pressemitteilungen/pm061006.htm (2006)

http://www.hgon-mr.de/projekte/burgwald/konzepte/index.html

Arbeitskreis für Hugenotten- und Waldensergeschichte: Die Franzosenwiesen im Burgwald – ein historischer Kalender URL: http:/ www.ak-schwabendorf.de/ franzosenwiesen.htm (Stand: 9.9.2004)

Obwohl diese Quelle in wissenschaftlichen Arbeiten nicht zitierfähig ist, Wikipedia: Burgwald.

Schlussbericht der TEEB-Studie: den Wert der Natur in die Mitte der Gesellschaft stellen. TEEM (2010) The Economics of Ecosystems and Biodiversity (TEEB) study is a major international initiative to draw attention to the global economic benefits of biodiversity, ..URL:http://www.teebweb.org www.ufz.de/index.php?de=20679

Hessische Gesellschaft für Ornithologie und Naturschutz e. v. (HGON) (Hrsg.): Ausgewählte Naturschutzaktivitäten im Rahmen des Modellprojekts Burgwald 2006.

Rad- und Wanderkarte Frankenberg, Nördlicher Burgwald. 1:25000 Dr. Lutz Münzer, Marburg 6/2010.

Rad- und Wanderkarte Zentraler und südlicher Burgwald. 1:25000 Dr. Lutz Münzer, Marburg 3/2007.

Landesamt für Wasserwirtschaft Rheinland - Pfalz, Quelltypenatlas 2002

Hessisches Ministerium für Umwelt, Energie, Landwirtschaft und Verbraucherschutz (HMUELV) (Hrsg.) Natura 2000 - Hessen - 5018 - 304 Christenberger Talgrund URL: http://www2.hmuelv.hessen.de/natura2000/Sdb/sdb5018-304.html (Stand 28.08.2011)

Hans A. Bensch, Kurt Paffrath, Lothar Seegers, Gartenteichatlas, MERGUS-Verlag Melle, 2. Auflage 1997.

Josef Settele et. al., Schmetterlinge, Die Tagfalter Deutschlands, 2. aktualisierte Auflage Eugen Ulmer KG, Stuttgart 2009.

Josef H. Reichholf, Schmetterlinge, BLV Budchverlag München 2008.

Heiko Bellmann, Der neue Kosmos Schmetterlingsführer, Franckh-Kosmos Verlag, Stuttgart 2009.

Oskar Angerer, Thomas Muer, Alpenpflanzen, Verlag Eugen Ulmer, Stuttgart 2004.

Bruno P. Kremer, Steinbachs großer Pflanzenführer, Eugen Ulmer KG Stuttgart 2005.

Heiko Bellmann et. al., Steinbachs Großer Tier - & Pflanzenführer, Eugen Ulmer KG Stuttgart 2006.

Herbert W. Ludwig, Tiere in Bach Fluß Tümpel und See, BLV München 1993.

Helmut und Renate Grünert (Gunter Steinbach, Hrsg.), Pilze, Mosaik Verlag 1996.

Hans E. Laux, Der große Komos - Pilzführer, Franckh-Kosmos Verlag, Stuttgart 2007.

Eckhard Jedicke, Die Amphibien Hessens, Eugen Ulmer GmbH Stuttgart 1992.

Detlef Singer, Die Vögel Mitteleuropas, Franckh-Kosmos Verlags GmbH & Co., Stuttgart 3. Auflage1998.

Holger Müller, Brandenburg Naturfoto - Online - Bildband, www.maerkische-naturfotos.de (Stand 14.10.2007)

http://de.wikipedia.org/wiki/Burgwald (Stand: 8.5.2011)